Geschichte Israels

von den Anfängen
bis zur Zerstörung des Tempels
(70 n. Chr.)

von

Dr. phil. Ernst Ludwig Ehrlich

2. Auflage

Sammlung Göschen Band 231/231a

Walter de Gruyter & Co · Berlin 1970

vormals G. J. Göschen'sche Verlagshandlung · J. Guttentag,
Verlagsbuchhandlung · Georg Reimer · Karl J. Trübner · Veit & Comp.

Mit dieser knappen Darstellung hat sich der Verfasser nicht die Aufgabe gestellt, einen Beitrag zur Klärung der zahlreichen umstrittenen Probleme der Forschung zu leisten. Dem Anliegen der „Sammlung Göschen" entsprechend wollte er einen Überblick bieten, der es dem Leser ermöglicht, auf Grund der angeführten wissenschaftlichen Literatur seine Kenntnisse zu vertiefen. Wenn es gelungen sein sollte, den derzeitigen Stand der Forschung aufzuzeigen und den Leser in das Studium der Geschichte Israels einzuführen, hätte dieses Büchlein seinen Zweck erfüllt.

Meinem Freunde Dr. Lothar Rothschild, St. Gallen, habe ich für seine sorgfältige Lektüre der Korrektur zu danken.

Ernst Ludwig Ehrlich

 — Archiv-Nr. 72 10 697. — Druck: Mercedes-Druck, Berlin 61. — Printed in Germany

INHALT

1. Einleitung

Eine Zusammenfassung der „Geschichte Israels im Altertum“ auszuarbeiten, ohne dabei einen dem Laien die Lektüre erschwerenden wissenschaftlichen Apparat zu bieten, ist bei dem derzeitigen Stande der historischen, archäologischen und philologischen Forschung kaum durchzuführen, es sei denn, man begnügt sich damit, die alttestamentlichen Berichte in moderner Prosa nachzuerzählen. Ein solches Vorgehen dürfte jedoch heute unerlaubt sein, weil darüber hinaus noch genügend weiteres, vom Historiker zu verwendendes Forschungsmaterial, vorliegt. Die eigentlichen Probleme haben allerdings bei der hier gebotenen Kürze nur angedeutet werden können, und nur bei besonders umstrittenen Fragen ist ausführlicher vor allem auf die neuere Literatur verwiesen worden, weil der Leser darin Hinweise auf die älteren Werke findet. (Vgl. die Bibliographie am Schlusse des Buches.) Daneben wurden selbstverständlich an den betreffenden Stellen jene Werke zitiert, auf die sich der Autor bei seiner Darstellung bezieht und denen er seine Einsichten verdankt.

Das Alte Testament ist zwar die Hauptquelle für die Geschichte Israels bis zum 5. Jahrhundert v. Chr., dennoch ist es nicht möglich, allein auf Grund der Auswertung der alttestamentlichen Berichte einen Überblick über die israelitische Geschichte zu gewinnen; denn das Alte Testament ist nicht als ein Geschichtswerk anzusehen, sondern setzt sich aus einer Vielzahl von nicht unter dem Gesichtspunkt historischer Betrachtungsweise entstandenen Traditionen verschiedener literarischer Gattungen zusammen. Sie sollen aufzeigen, in welcher Weise JHWH in einen Bund auf Gegenseitigkeit mit Israel eingetreten ist und welche Aufgabe dem Volke daraus als Partner dieses Bundes erwächst. Innerhalb dieses Rahmens findet sich jedoch eine Fülle historischen Stoffes, der mit den außerisraelitischen Quellen und den Ergebnissen der archäologischen Forschung zusammen betrachtet werden muß. Die historische Wissenschaft tastet das im Alten Testament zur Darstellung gekommene Bundesverhältnis und das daraus folgende Gebot des einen Gottes nicht an, will aber den Hintergrund untersuchen, vor dem sich die Geschichte des Volkes Israel abgespielt und welche Phasen sie durchlaufen hat.

Als Berichte über die israelitische Geschichte sind im A. T. vor allem die Bücher Josua, Richter, Samuel, Könige anzusehen. Historisches Material enthalten auch die Prophetenbücher sowie das nach 400 v. Chr. entstandene chronistische Geschichtswerk (Esra, Nehemia, 1. u. 2. Chr.).

Bei der Verwertung des von den alttestamentlichen Autoren gebotenen historischen Stoffes ist jeweils auf die der Darbietung und Auswahl der Überlieferungen zugrundeliegende Tendenz zu achten sowie auf die literarische Gattung des Berichtes. Als Ganzes stellen die alttestamentlichen Königs- und Chronikbücher Kompilationen aus verschiedenen Quellen dar: Aus Hof- und Prophetengeschichten, aus Exzerpten von königlichen Annalen und Tempelchroniken. Der historische Wert von 1. u. 2. Chr. ist nur gering; gegenüber den beiden Königsbüchern bieten 1. u. 2. Chr. nur relativ wenig geschichtlich verwertbares eigenes Material.

Ein besonderes Problem bilden die im Einzelnen zwar auch wertvolle historische Überlieferungen enthaltenden 5 Bücher Moses, aber als Gesamtwerk können sie nicht als eine Geschichtserzählung bezeichnet werden. Freilich ist auch hier durch die in den letzten Jahrzehnten vertiefte Kenntnis der altorientalischen Kulturgeschichte manches, beispielsweise der Hintergrund der Patriarchenzeit, erhellt worden. Die Einordnung der im Pentateuch und im Buche Josua beschriebenen Ereignisse in ein wirkliches Geschichtsbild bereitet jedoch nach wie vor Schwierigkeiten, so daß für die Zeit bis zum Königtum Sauls überhaupt nur eine Geschichtsdarstellung in Umrissen möglich ist, die den wirklichen historischen Vorgang zwar ahnen läßt, sicheres Wissen aber nicht zur Grundlage hat.

Für die Zeit vom 5. Jahrhundert bis ins 3. Jahrhundert besitzen wir nur wenige Quellen für die Geschichte der Juden, dann aber gewinnt man für das 2. Jahrhundert durch die ersten beiden Makkabäerbücher bei Berücksichtigung der ihnen eigenen literarkritischen Probleme eine Stütze, und das Geschichtswerk des Josephus bietet ein recht deutliches Bild der Ereignisse bis zur Zerstörung des 2. Tempels durch die Römer (70 n. Chr.). Für die innere Geschichte des Judentums vom Ende des 2. Jahrhunderts v. Chr. bis zur Mitte des 1. Jahrhunderts n. Chr. sind auch die Schriften der Gemeinde vom Toten Meer von Bedeutung. Um den geistigen Hintergrund der Zeit aufzuzeigen, kann man für die Geschichte des letzten vor- und ersten nachchristlichen Jahrhunderts auch talmudische Überlieferungen mit heranziehen.

2. Die Patriarchenzeit

Nach der Überlieferung in der Genesis waren die Vorfahren des späteren Volkes Israel Hebräer, die aus der Stadt Ur (im südlichen Babylonien) hergekommen sein sollen (Gen. 11, 31). Diese Stadt wurde im 2. Jahrtausend v. Chr. mehrmals zerstört [1]). Als Halbnomaden wandten sich die Hebräer, offenbar im Zuge einer großen Wanderungsbewegung, zunächst nach Harran im nordwestlichen Mesopotamien. Ihre Niederlassung dort hat vermutlich im 3. Viertel des 20. Jahrhunderts v. Chr. stattgefunden. Die Tradition verbindet mit Harran den Namen von Lots Vater (Gen. 11, 27) und die Bezeichnung der Heimat Abrahams (Gen. 12, 1 ff.; 24, 4 ff.).

Archäologische Grabungen haben ergeben, daß Harran im 19. und 18. Jahrhundert v. Chr. eine blühende Stadt war. Geographische Verbindungsglieder machen es wahrscheinlich, daß Nordmesopotamien der Sitz der Hebräer war: Die Namen von Abrahams Vorvätern entsprechen Namen von Städten bei Harran: Peleg, Serug, Nahor, Terah.[1a])

1) Vgl. dazu jetzt L. Woolley, Ur in Chaldaea, 1956, S. 115; 119; 167 u. a.

1a) Vgl. N. Schneider, Biblica, 33, 1952, S. 516 ff.; Rowley, The Servant of the Lord and other Essays on the Old Testament, 1952, S. 271 ff.; Schmökel, S. 234 f.; Wright, Biblical Archaeology, 1957, S. 40 ff.

Die Wanderung und Niederlassung der Hebräer wurde durch die Vorherrschaft der Amoriter begünstigt, deren Fürsten, wie die Texte aus Mari [2]) beweisen, bis zum 18. Jahrhundert vom westlichen Iran bis zum Mittelmeer herrschten. Die ursprünglich akkadische Bezeichnung „Amoriter“ (Leute aus dem Westen) wurde in der Patriarchenzeit auf die nordwestsemitische Dialekte sprechenden Völker angewandt, was auch die späteren Israeliten und Aramäer einschließt, deren einstige Verwandtschaft die Tradition bezeugt (Gen. 31, 19 ff.; vgl. Dt. 26, 5 sowie die Erinnerung an die Herkunft Israels bei Ezechiel (6. Jahrh.) 16, 3. 45). Erst später wurde dann der Name „Amoriter“ auf jene syrisch-palästinensischen Völkergruppen übertragen, mit denen die Israeliten in Konflikt gekommen sind. Folgende amoritische Namen sind u. a. zu belegen: Abram, Jakob, Laban, Sebulon, Benjamin.

Durch die Kenntnis solcher Namen aus den Maritexten wissen wir jedoch noch gar nichts über das Verhältnis dieser Namensträger zu Gestalten des Alten Testaments, zumal hier noch das chronologische Problem zu berücksichtigen ist: Die Maritexte stammen aus der Zeit zwischen 1900 und 1700, während das israelitische Volk als Ganzes erst seit ca. 1200 besteht.

Die in der Genesis erwähnten Wanderungen der Patriarchen werden von der archäologischen Forschung des Mittel-Bronzezeitalters insofern erhellt, als die Grabungen erweisen, daß Südsyrien und Palästina im 19. Jahrhundert dünn und auf der Basis von Stadtstaaten besiedelt waren.

Die Mittelbronze-Epoche entspricht dem Zeitalter der Patriarchen des Alten Testaments. Es handelt sich bei dem Erzählgut über die Patriarchen nicht um historisch-biographische Berichte, sondern um in einem langen Wachstumsprozeß entstandene Kompositionen von ursprünglich selbständigen Einzelstoffen, die jahrhundertelang mündlich überliefert wurden. Die Archäologie kann daher nur den topographischen und kultur-

---

2) Das mächtige Marireich, am mittleren Euphrat etwa zwischen Syrien und Babylonien gelegen, besaß eine vorwiegend semitische Bevölkerung. Mari wurde ca. 1700 von dem babylonischen König Hammurabi (1728—1686) erobert. Vgl. Parrot, RHPhR, 1950, S. 1 ff.; 1955, S. 117 ff.; C. J. Jean, S. 121 ff.; Noth, Geschichte u. A. T. (Festschrift f. A. Alt) 1953, S. 127 ff.; J. M. Munn-Rankin, Iraq, 18, 1956, S. 68 ff.; Noth, JSS, I, 4, 1956, S. 322 ff.; Schmökel, S. 85 ff.

geschichtlichen Hintergrund der Patriarchenzeit erhellen. Das Handeln geschichtlicher Persönlichkeiten ist allein durch literarische Zeugnisse (Inschriften, Chroniken) erfaßbar.

Die palästinensischen Stadtstaaten standen unter der Kontrolle der 12. ägyptischen Dynastie (ca. 2000—1780), die einen lebhaften Handel mit Syrien, Cypern, Kreta u. a. entwickelte. Transjordanien beharrte zu jener Zeit noch auf dem Stämmesystem.

Bei der Prüfung der einzelnen Stationen der Patriarchenwanderung ergibt sich, daß sie sich auf das Hügelland und die Wüste des Negeb beschränkten.[3]) Die alttestamentliche Schilderung der Patriarchen entspricht den allgemeinen Verhältnissen der damaligen Zeit. Die hurrischen Rechtsdenkmäler von Nuzu (15. Jahrhundert) spiegeln das Gewohnheitsrecht der Patriarchen der Genesis wider.

Die Nuzitexte zeigen das soziale und wirtschaftliche Leben einer kleinen assyrischen Stadt in Nordmesopotamien, als sie unter der Herrschaft des Mitanni-Reiches stand. Für das A. T. sind diese Texte insofern bedeutsam, als sie auf soziale Bräuche des 2. Jahrtausends ein Licht werfen, so etwa auf das Kebsfrauenwesen (Gen. 16 u. 30), Adoptions- und Erbrecht (Gen. 15, 1 f.), das Dienstverhältnis Jakobs und die Eheschließung mit Labans Töchtern (Gen. 31, 50). Vgl. Wright-(Filson), Atlas, S. 30; De Vaux, R. B. 1948, S. 22 ff.; Gordon, Introduction, S. 100 ff., Rowley, The Servant of the Lord and other Essays on the O. T. 1952, S. 299 ff.; Wright, Biblical Archaeology, S. 43 f.

Man darf vermuten, daß die kosmologischen Schilderungen und die Traditionen der Abstammung in den ersten 11 Kapiteln der Genesis vor der Mitte des 2. Jahrtausends durch die Hebräer von Mesopotamien nach Palästina gebracht worden waren, wo sie später einer spe-

3) Gen. 12, 9; 13, 1—3 berichten von Abrahams Zügen durch das Südland (Negeb), auf denen er nach Ägypten bzw. von dort wieder zurück in die Gegend von Bethel zu gelangen suchte. In letzter Zeit ist eine Reihe von Siedlungsplätzen aus der Mittleren Bronzezeit I (21.—19. Jahrh.) gefunden worden. Früher hatte man angenommen, daß der Negeb zur Zeit Abrahams eine Einöde gewesen sei, deren mangelhafte Vegetation nicht einmal den Durchzug von Karawanen, geschweige denn längeren Aufenthalt erlaubt hätte (vgl. N. Glueck, BA 18, 1, 1955, S. 2 ff.; BASOR 138, 1955, S. 7 ff.; 142, 1956, S. 17 ff.; 145, 1957, S. 11 ff.).

zifisch israelitischen Verarbeitung unterzogen und mit dem lange mündlich überlieferten Erzählgut der Patriarchenzeit verknüpft wurden. Ein bisher ungeklärtes und außerordentlich schwieriges Problem ist die Frage des Zusammenhanges der Hebräer mit den in den Keilschrifttexten erwähnten Ḫabiru ('Apiru), die in den mesopotamischen, ägyptischen, syrischen und palästinensischen Quellen in der Zeit zwischen dem 19. und 12. Jahrhundert genannt werden.[4]) Sie erscheinen als eine von den jeweiligen Landesbewohnern unterschiedene, von Häuptlingen geführte Gruppe, die sich auf keinerlei feste Plätze stützt, sondern im Hügelland zwischen den festen Siedlungen auftritt. Sie begegnen als Söldner wie als Sklaven, als räuberische Rebellen gegen die ägyptische Oberherrschaft in Palästina wie als nomadisierende Herdenbesitzer. Die philologische Verknüpfung von 'Apiru mit dem hebräischen 'Ibrī (Hebräer) bereitet Schwierigkeiten, gleichwohl würde die Funktion der 'Apiru (Ḫabiru) zu den in der Genesis geschilderten Merkmalen der Hebräer und ihren Wanderungen passen, obwohl die Hebräer keinesfalls mit den 'Apiru identisch sind, denn 'Apiru ist kein Volks- sondern ein Gattungsname. In irgend einer Weise könnten die Hebräer jedoch zu den Ḫabiru gehört haben.

Auch bei dem Begriff „Hebräer" haben wir es mit einer bestimmten Bezeichnung für eine besondere rechtlich-soziale Stellung zu tun; in dieser Bedeutung tritt das Wort 'Ibrī in alttestamentlichen Rechtsbüchern auf (Ex. 21, 2; Dt. 15, 12).

---

4) Sämtliche bisher bekannten Belege über die Ḫabiru mit der über sie verfaßten wissenschaftlichen Literatur sind jetzt von J. Bottéro zusammengestellt worden: Le problème des Ḫabiru (Cahier de la Soc. Asiatique) 1954, vgl. M. Greenberg, The Ḫab / piru, American Oriental Ser. 39, 1955. Die in Gen. 14, 13—16 geschilderten kriegerischen Ereignisse kann man zwar nicht ohne weiteres historisch den Kriegshandlungen der Ḫabiru zuordnen, aber gerade bei dem in dieser Gen. Stelle zum Ausdruck kommenden Geschehen scheint doch ein ähnlicher Hintergrund zu bestehen, wie bei einer Reihe von Belegen über die Ḫabiru. Vgl. Eissfeldt, Forschungen u. Fortschritte, 28, 3, 1954. S 83; Schmökel, S. 157 ff.

So wird man feststellen dürfen, daß die Patriarchen zu den Völkerschaften der sogenannten aramäischen Wanderung des 2. Jahrtausends gehörten.[5]) Auch ihre Sprache war wohl ursprünglich ein aus dem Westsemitischen[6]) entwickeltes Aramäisch, das sie bis zu ihrer Niederlassung in Kanaan sprachen. Dort übernahmen sie einen lokalen kanaanäischen Dialekt (der nicht mit der vorherrschenden Sprache der dortigen Bevölkerung identisch ist), und obwohl sie in Kanaan die Reinheit ihres Blutes zu bewahren suchten (Gen. 34, 1 ff.; 28, 1. 6 ff.), fand dennoch eine allmähliche Verschmelzung mit der Bevölkerung dieses Landes statt (Gen. 38, 2 ff.). Die ägyptische Geschichte des Sinuhe (um 1970 v. Chr.)[7]) illustriert aus einer außerbiblischen Quelle die soziale Situation der in der Genesis niedergelegten Traditionen. Die ägyptischen Wandgemälde von Beni-Hasan (etwa 1890 v. Chr.) stellen den Besuch einer nach Ägypten einwandernden Karawane semitischer Halbnomaden dar und erhellen so die Wanderung der Familie Jakobs nach Ägypten (Gen. 46), wobei man diese außerbiblischen Zeugnisse freilich nicht zur „Bestätigung" der alttestamentlichen Quellen im Einzelnen verwenden darf, sondern nur zur Veranschaulichung ihres Kolorites.

---

5) Vgl. Alt I, S. 173; Albright, A. P., S. 83.

6) Als Semiten werden seit dem 18. Jahrhundert n. Chr. die eine semitische Sprache sprechenden Völker bezeichnet. Die Bezeichnung „semitisch" ist daher kein Begriff der „Rasse", denn in geschichtlicher Zeit sind die Völker semitischer Sprache anthropologisch ebenso differenziert wie die Völker der indogermanischen Sprachfamilie. Deshalb ist die Vorstellung von einer „semitischen Rasse" sachlich unbegründet. Zu den Semiten gehören folgende Völker: 1. Die seit dem 3. Jahrtausend nach Nordbabylonien eingewanderten Akkader; 2. die um 2000 nach Syrien eindringenden Amoriter; sie gründen Babylon und werden die Hauptträger der altbabylonischen Kultur. Gleichzeitig mit ihnen gelangen wahrscheinlich die Phöniker und Kanaanäer in ihre geschichtlichen Wohnsitze; 3. vor 1200 die Aramäer, zu denen man auch die Israeliten zählen darf; 4. im 7. Jahr n. Chr. die Araber. Vgl. B. Wyss, Der Alte vordere Orient (Hdb. d. Weltgesch. I, 1954, Sp. 203), vgl. die knappe Geschichtsübersicht bei S. Moscati, Geschichte u. Kultur der semitischen Völker², 1955 sowie Noth, Welt des A. T.³, S. 185 ff.

7) ANET, S. 18 ff.; TGI, S. 1 ff. Der ägyptische Flüchtling Sinuhe, Zeitgenosse Sesostris I. (ca. 1970—1930), erzählt seine Lebensgeschichte, nachdem er vorher Syrien durchstreift hatte und bis nach Gubla (Byblos) gekommen war.

Die Verfasser der Patriarchenerzählungen schreiben nicht wie moderne Historiker „Geschichte", sondern die Autoren der Genesis erinnern an die von JHWH [8]) gegebenen Verheißungen von Nachkommen und von Kulturlandbesitz. Diese Vorgeschichte Israels ist allerdings insofern historisch bedeutsam, als sie geschichtliche Erinnerungen enthält und später ein Gegenstand des Glaubens in Israel wurde, der volks- und geschichtsformend hat werden können. Das gilt vor allem für die an heilige Stätten geknüpften Lokaltraditionen. Die Patriarchen werden in diesen als die Empfänger göttlicher Verheißungen geschildert. Diese Überlieferungen geben Kunde von Gottesbegegnungen an heiligen Orten, wo sich auch die erst später schriftlich fixierten Traditionen durch mündliche Überlieferung lange Zeit lebendig erhalten haben.[8a])

Freilich darf die Beweglichkeit der halbnomadischen Patriarchen nicht unterschätzt werden. Gerade weil es sich bei dem Erzählgut der Genesis ursprünglich nicht um umfassende Abschnitte gehandelt haben wird, so können einzelne Traditionen schon früh gemeinsam mit ihren Erzählern gewandert sein. Neben ortsgebundenen ätiologischen Kult- und Lokalsagen enthält die Genesis auch Erzählgut von „typischem" Wert. Obwohl die uns zur Verfügung stehenden Quellenschriften aus einer Zeit stammen, in der sich die Vorstellung von JHWH als dem einen Gotte Israels bereits durchgesetzt hatte, darf man doch annehmen, daß Mose aus der Patriarchenzeit spezifische religiöse Tendenzen übernehmen konnte. Die Religion der frühen hebräischen Halbnomaden bereitete der späteren Vorstellung von dem einen JHWH den Weg. Im Unterschied zu kanaanäischem Gedankengut enthielt die Religion der Patriarchen, soweit sie sich überhaupt noch rekonstruieren läßt, bereits Elemente von einer Beziehung zwischen Gott und

---

8) Der Gottesname JHWH ist vermutlich „Jahwe" (oder „Jahwä") auszusprechen (vgl. Theodoret, Quaest. 15 in Exod., Clemens v. Alex., Strom. V, 6, 34) und wird daher in wissenschaftlichen Werken oft auch so transkribiert (vgl. Koehler, Lexicon, S. 368 ff.). Die Bedeutung dieses Gottesnamens ist noch ungeklärt; zahlreiche Literatur darüber findet man bei Th. C. Vriezen, Theologie des A. T. in Grundzügen, 1956, S. 164 ff.

8a) Vgl. Gen. 12, 6: Sichem; Gen. 12, 8; 13, 3; 28, 11 ff.; 35, 1 ff.: Bethel. Gen. 21, 22 ff.; 26, 23 ff.; 46, 1 ff.: Beerseba. Gen. 13, 18 ff.; 18, 1: Hebron.

Mensch und zwischen Gott und der menschlichen Gesellschaft. Diese religiösen Ideen hatten sich — wenigstens teilweise — von bestimmten Orten losgelöst.

3. Die Hebräer in Ägypten

Nach der Wanderung der Hebräergruppen oder Familienverbände von Mesopotamien nach Kanaan, beginnt, mit ihrem Zug nach Ägypten (im späten 18. oder frühen 17. Jahrhundert), der zweite Abschnitt der Vorgeschichte des späteren Volkes Israel. In der für die Wanderung der Hebräer nach Ägypten in Frage kommenden Zeit gab es eine semitische Besiedlung im nordöstlichen Delta. Heute bringt man den Aufenthalt der Hebräerfamilien in Beziehung zu der Bewegung der Hyksos (ca. 1720—1550), die im 17. Jahrhundert die Herrschaft über Ägypten gewinnen. Der ägyptische Priester Manetho (3. Jahrh. v. Chr.) behauptet vom Hyksosvolk, es sei aus Phönizien gekommen; der Turiner Königspapyrus nennt die Könige dieses Volkes „Hyksos", d. h. „Herrscher der Fremdländer".[9]) Die 18. ägyptische Dynastie bezeichnet sie als „Amu", d. h. als Asiaten. Die Könige führen ägyptische, westsemitische oder fremdartige, noch nicht zu identifizierende Namen. Die Hyksos residierten zunächst in Memphis, dann in Auaris (vermutlich mit der später Tanis — hebr. Zoan — genannten Stadt im Nordosten des Deltas identisch). Unter den Namen der Hyksoshäuptlinge fällt u. a. ein Ja'qob har (wörtl.: möge der Berggott beschützen)[10]) auf. Sieht man einen Zusammenhang zwischen dem Zuge der Hebräer nach Ägypten und der Hyksosinvasion[11]) (Asiaten in Ägypten!), so könnte man annehmen, die Hebräer hätten wegen einer Hungers-

9) Vgl. Alt, Die Herkunft der Hyksos in neuer Sicht, 1954, S. 4. Schmökel, S. 157 ff.; Wright, Biblical Archaeology, 1957, S. 56 ff.

10) Doch berechtigt uns nichts, diesen Namen mit dem Patriarchen Jakob zu verbinden, denn semitische Hyksosnamen beweisen nur, daß sie in jener Zeit unter einer bestimmten Schicht von Semiten geläufig waren. Es handelt sich dabei um jene Schicht, zu der auch die Namen aus Mari gehören, die sich zum Teil unter den Hyksos wiederfinden.

11) Vgl. Wright, BASOR 86, 1942, S. 35 u. dagegen Rowley, From Joseph to Joshua 1950, S. 116, der den Zug von Hebräern nach Ägypten in der Zeit des Echnathon (ca. 1370—1360) ansetzt.

not (Gen. 41, 54 ff.) das von semitischen Stämmen besetzte Ägypten aufgesucht, wo es ihnen gut ergangen sei, solange die Hyksos die Herrschaft ausübten (also bis ca. 1570).[12]) Als dann die Ägypter mit der 18. Dynastie die Herrschaft wieder antraten, mögen die Fremden, zu denen auch die Jakobsippe gehörte, versklavt worden sein. Hierauf dürfte sich die Notiz beziehen, wonach ein neuer König sich erhob, der Josef nicht kannte (Ex. 1, 8). Damit ist vielleicht Amosis I. (1570—1546) gemeint, der die letzten semitischen Garnisonen eingenommen hatte.

Über die nächsten zwei bis drei Jahrhunderte werden wir weder durch das A. T. noch durch ägyptische Quellen gut informiert. Aus Ex. 1 erfahren wir, daß die in Ägypten ansässigen „Söhne Israels“ sich stark vermehrten, und daß sich aus den halbnomadischen Stämmen langsam eine Volksgruppe entwickelte. In der Zeit von Amosis I. bis Seti I. (19. Dynastie 1313—1301) verstärkte sich der semitische Einfluß in Ägypten; durch die Hyksos (?) nach Ägypten eingeführte kanaanäische Götter werden verehrt (so Baal, Horon, Rešef, die Göttinnen Astarte, Anath, Ašera). Im 14. Jahrhundert finden wir in einem Eigennamen die Erwähnung Sadde 'ammi (hebr.: Šadde 'ammi); offenbar hängt das theophore Element mit šaddai (Berggottheit) zusammen, und dieser Gott spielt bekanntlich in der Patriarchentradition eine Rolle (Gen. 17, 1; 28, 3; 35, 11; 48, 3 u. a.). Nach dem A. T. wird für die in Ägypten in starke Abhängigkeit, wenn nicht sogar in

---

12) Es war für Ägypten keine ungewöhnliche Erscheinung, daß an der Ostgrenze des Deltas asiatische Volksgruppen auftauchten, die wegen einer an ihren üblichen Wohnplätzen herrschenden Hungersnot Einlaß in Ägypten suchten. Aus späterer Zeit besitzen wir einen Papyrus (vgl. Noth S. 107), aus dem hervorgeht, daß solche Volksstämme aufgenommen wurden. Das Gebiet in dem sie sich niederließen, trug in alter Zeit wohl einen Namen, der im A. T. in der Form „Gosen“ (Gen. 44, 34) wiedergegeben wird, und dort ließen sich auch die Hebräer nieder (Ex. 8, 18; 9, 26). Der Unterschied zwischen dem Zug der Hyksos und dem Aufenthalt der Hebräer in Ägypten liegt darin, daß die Hebräer dort nur Weideplätze für ihre Herden suchten, und dann wegen irgendwelcher Ereignisse einen festen Wohnsitz in Ägypten nahmen (Alt, Hyksos, S. 24). Von „kurzen Besuchen“ in Ägypten wird übrigens bereits in den Patriarchengeschichten berichtet (Abraham: Gen. 12, 10 ff., Gen. 20. Isaak: Gen. 26).

Sklaverei geratenen Israeliten häufig der Terminus „Hebräer" verwendet (Ex. 1, 22; 2, 6. 11. 13 u. a.). Ägyptische Texte erwähnen die den ʿpr Leuten auferlegte Fronarbeit und illustrieren somit den Bericht in Ex. 1, 11, wonach die Israeliten zum Bau der Städte Pithom und Ramses (Hauptstadt Ägyptens während der 19. Dynastie ca. 1319—1200) im östlichen Delta herangezogen wurden. Die Bedrückung der Hebräer durch die Ägypter machte jene reif für die Führung durch Mose, der in ihnen die Erinnerung an die frühere Freiheit außerhalb Ägyptens wachrief. Namen wie Moses, Miriam, Hophni, Pinhas, Merari, Putiel sind ägyptischen Ursprungs und deuten vielleicht auf eine längere Zeit des Wohnens der Hebräer in Ägypten hin.

Die älteren alttestamentlichen Überlieferungen stimmen in der Beschreibung der einzigartigen religiösen und politischen Bedeutung des Mose überein, und es besteht keinerlei Veranlassung, die wichtigsten Tatsachen seiner im A. T. niedergelegten Lebensgeschichte nicht für historisch zu halten.

Über Mose sind keine ägyptischen Quellen vorhanden. Der Grund dafür mag sein, daß seine so bedeutsame Rolle nicht gerade für Ägypten rühmlich ist; ferner bildete der Auszug einer Sklavenschar aus Ägypten keinen besonderen Anlaß zur Berichterstattung, besonders dann, wenn der Exodus doch nicht verhindert werden konnte. Übrigens wird von der für Ägypten wichtigen Fremdherrschaft der Hyksos erst berichtet, nachdem diese überwunden ist.

Zweifellos lag die überragende Bedeutung des Mose vor allem auf religiösem Gebiete. Die Anknüpfung an alte hebräische Traditionen aus der Patriarchenzeit verschaffte Mose offenbar auch die nötige geistige Autorität, das Befreiungswerk zu unternehmen.

Eine der wesentlichsten Aufgaben des Mose sahen die alttestamentlichen Autoren dann später darin, daß er seinem Volke klarmachte: JHWH wurde von den Vorvätern bereits in Kanaan als El šaddai verehrt (Ex. 3, 6. 15 f.; 6, 3). Es läßt sich zeigen, daß im Alten Orient relativ wenig Wert auf den Eigennamen eines Gottes gelegt wurde, so daß der Name zwar wechseln konnte, die besondere Funktion eines Gottes blieb aber auch unter sich wandelndem Namen die gleiche. Durch die Verbindung des Volksnamens „Israel" mit dem Stammvater Jakob wurde auch in ethnischer Beziehung die Anknüpfung an die dem Aufenthalt in Ägypten vorangegangene Hebräerzeit vollzogen, so daß sowohl im religiösen (El-JHWH) wie im nationalen Bereich ein Bezug auf die Vorzeit erfolgen konnte. Der Exodus aus Ägypten wurde dann für die späteren Jahrhunderte das klassische Paradigma, in welcher Weise sich JHWH seines „Volkes" angenommen hatte (Dt. 26, 5 ff., vgl. Dt. 6, 20 ff.). Die Voraussetzung für eine derartige Geschichtsbetrachtung bestand freilich in zwei Tatsachen: in der prophetischen Persönlichkeit des Mose, der im Namen des einen Gottes die Befreiung verhieß, und in dem historischen Vollzug dieser Befreiung, der dem Versprechen des Mose entsprach. „Die Umrisse der Tage des Mose liegen im Dunkel der Vergangenheit, aber die Züge, die die Gewalt seiner Persönlichkeit in sein Leben eingeschrieben hat, und die Kraft der Wirkung, die von ihm auf sein Volk ausgegangen ist, stehen im Lichte." (Leo Baeck).

Ob bei der religiösen Konzeption des Mose Vorstellungen aus dem Kult des Echnathon (ca. 1370—1360) eingewirkt haben, ist fraglich: Die Unterschiede sind hervorstechender als die Übereinstimmungen.

Der Gott Echnathons, Aton, ist die Sonnenscheibe, der physikalische Weltkörper, der durch seine Strahlen wirkt. Die Lehre von Aton sucht nicht ein allmächtiges und allumfassendes Gottwesen zu erkennen, sondern sie schneidet aus der Gesamtheit der Welt einen Sektor heraus und unterstellt ihn einem materiellen Gottesbegriff. Der König allein vermittelt die richtige Kenntnis seines Gottes, durch ihn allein geht des Gottes Verehrung. Einen Nachhall hat der Aton-Kult, vermutlich durch Bearbeitung eines ägyptisch beeinflußten kanaanäischen Liedes, in Ps. 104 hinterlassen.

Wahrscheinlich sind jedoch Einflüsse auf die äußere Art des Vollzuges der Rechtssatzungen von dem Nomadenstamm der Midianiter herrührend anzunehmen, in dessen Bereich sich Mose eine Zeitlang aufhielt und mit dem er in verwandtschaftliche Beziehungen trat (Ex. 2, 21: Zippora, die Ehefrau des Mose; Ex. 18: Jithro, der in einer anderen Quellenschrift Reuel genannt wird, war der Schwiegervater des Mose und wirkte als sein „Rechtsberater"). In einer für uns allerdings nicht mehr näher zu bestimmenden Weise scheinen Midianiter und Keniter (ein Stamm, der sich dem Kupferschmiedehandwerk widmete), in Verbindung gebracht werden zu müssen (vgl. Ri. 4, 11). Daß die Keniter jedoch von altersher bereits Anhänger des JHWH gewesen seien, ist reine Vermutung. Keniter standen später mit den Südstämmen in Verbindung (Ri. 1, 16) und lebten in deren Nachbarschaft (1. Sam. 27, 10; 30, 29).

Die in der Thora niedergelegten Rechtssatzungen stammen zwar aus verschiedenen Zeiten und Quellen (der Versuch, diese im Einzelnen näher zu bestimmen, ist eine der Aufgaben der alttestamentlichen Wissenschaft), Ursprünge der Traditionen gehen aber auf die Mose-Zeit zurück.[13]) Die kultischen Gesetze erwähnen den Tempel noch nicht; die zivilen Gesetze spiegeln einen Zeitabschnitt vor der Einrichtung der Monarchie (ca. 1000 v. Chr.) wider. Das sogen. Bundesbuch (Ex. 21—23) weist Beziehungen zum Kodex des Hammurabi, den assyrischen und hethitischen Gesetzen auf, die alle dem Zeitraum zwischen 2000—1100 v. Chr. angehören.

Ein für die Israeliten charakteristisches Merkmal der Rechtssatzungen ist die aus den 10 Geboten bekannte apodiktische Form des „Du sollst" oder „Du sollst nicht", die eine frühe monotheistische und hohe ethische Grundlage aufweist. Das auffallendste an den apodiktischen Gesetzen ist ihr kategorischer Charakter, der in scharfem Gegensatz zu ihren engsten außerisraelitischen Parallelen, der ägyptischen negativen Beichte und den babylonischen Schurpu-Texten steht; den Israeliten wird befohlen, nicht zu sündigen, weil JHWH es nicht will.[14])

4. Der Exodus aus Ägypten

Über die näheren Umstände des Auszuges, den die alttestamentlichen Erzähler eher als eine göttliche „Heraus-

---

13) Vgl. H. Cazelles, Études sur la Code de l'Alliance, 1946, ferner Baron I, 77 ff; 327 f. (mit umfassender Bibliographie).

14) Alt I, S. 278 ff.; Albright, Steinzeit, S. 268; Mendenhall, BA 17, 2, 1954, S. 26 ff., 3, 1954, S. 49 ff. (auch separat: Law and Covenant in Israel and the Ancient Near East (The Biblical Colloquium, Pittsburgh, 1955); S. A. Pallis, The Antiquity of Iraq, 1956, S. 528 ff.

holung" auffassen, konnte bis jetzt geschichtlich nichts Genaues ermittelt werden. In dem Gesang der Miriam (Ex. 15) ist aber ein altes Zeugnis erhalten, das, wie öfter im A. T. bei poetischen Stücken (z. B. Deboralied Ri. 5), älter als die das gleiche Thema behandelnden Prosafassungen ist. Die Flucht (Ex. 14, 5a) der Israeliten aus Ägypten wurde nach alttestamentlicher Darstellung von göttlichen Wundern begleitet, die allein die Rettung in die Wüste möglichten. Das sogenannte „Meereswunder" (Ex. 14, 16 ff.) fand offenbar im Bereich der Ostgrenze des Deltas statt, an der die Israeliten Ägypten zu verlassen suchten, und dort wurde dann auch eine ägyptische Streitwagenabteilung vernichtet; über Streitwagen verfügten die Ägypter seit der Hyksoszeit. Welche der sich erst später in Palästina konstituierenden Stämme den Auszug aus Ägypten miterlebten, wissen wir nicht. Die Ereignisse während des Auszuges und das Sinai-Geschehen waren bei der späteren Landnahme von volksbildender Bedeutung, zumal sich den Entflohenen in Palästina auch verwandte Sippen angeschlossen haben dürften, die sämtliche überwältigende Wunder so stark nachempfanden, als hätten sie diese selber miterlebt (Ex. 13, 8). Die Auszugsgeschichte wurde dann zum Erbgut eines ganzen Volkes.

Der Exodus fällt spätestens in die Mitte des 13. Jahrhunderts; es ist zu bedenken, daß Ramses II. (ca. 1290 bis 1223) Kornspeicher in Pithom und die Stadt Ramses (Ex. 1, 11) als Deltaresidenz bauen ließ. Vermutlich war Ramses II. der ägyptische König zur Zeit des Auszuges und Seti I. (1313—1301) der Pharao der Unterdrückung.[15]) Die Annahme eines viel späteren Datums für den Exodus ist nicht möglich, denn aus der Stele des Mernephta (1220) geht hervor, daß Israel damals als ein halbnomadischer Stamm in Westpalästina auftrat.

15) Aus der Zeit des Seti I. ist eine Stelle erhalten, die deshalb von besonderer Wichtigkeit ist, weil die dort genannten 'pr-Leute die sachliche Verbindung zwischen den ägyptischen 'pr und den Habiru Vorderasiens herstellen. Teile dieser vor-israelitischen Gruppen von Nomaden haben sich vermutlich später mit den einwandernden Israeliten in Kanaan verschmolzen. Vgl. Albright, BASOR, 125, 1952, S. 31.

Vgl. TGI S. 34: „Die Fürsten sind niedergeworfen und sagen: Frieden; keiner erhebt mehr seinen Kopf unter den Neun Bogen(-Unterworfenen). Zerstört ist Ṭḥnw. Ḫatti (Hethiter) ist friedlich, Kanaan ist mit (?) allem Schlechten erobert worden; Aškalon ward fortgeführt, und Geser gepackt; Jenoam ist zunichte gemacht. Israel (mit Determinativ „Volk" nicht mit Determinativ „fremdes Land"!) ist verwüstet und hat keinen Samen."

Die archäologischen Ausgrabungen haben ergeben, daß die kanaanäischen Städte Bethel und Lachiš in der 2. Hälfte des 13. Jahrhunderts zerstört wurden, so daß zu dieser Zeit also bereits die Einwanderung nach Kanaan erfolgt sein muß.

Das zentrale Ereignis der Wüstenwanderung ist der Bund vom Sinai (Ex. 19). „Daß diese Sinaitradition, deren Inhalt in seinem wesentlichen Bestand singulär und religionsgeschichtlich unableitbar ist, von einem tatsächlichen Vorgang herkommt, kann nicht bezweifelt werden."[16]) Die Lage des Berges Sinai ist heute kaum mehr zu bestimmen; die Israeliten legten so wenig Wert auf seine genaue Lokalisierung, daß sie in den Quellenschriften verschiedene Bezeichnungen für diesen Berg zuließen: Sinai/Horeb.[17])

Der Weg der Israeliten vom Sinai nach Kadeš ist ebenfalls schwer zu bestimmen.[18]) In Kadeš sind die Israeliten mit den Midianitern in Verbindung getreten (Ex. 18), zu denen Mose durch seine Heirat bereits Beziehungen unterhielt (s. o. S. 15). Der Aufenthalt in dieser Oase war von entscheidender Bedeutung für die Verschmelzung der aus Ägypten gekommenen Scharen zu einer einheitlichen Volksgruppe. Die im A.T. für den

---

16) Noth, S. 121.

17) Zu den verschiedenen Möglichkeiten der Lokalisierung des Sinai vgl. Noth S. 120 f.

18) Vgl. den Rekonstruktionsversuch der Route Ägypten-Kanaan bei Wright, Atlas, S. 38 ff., Biblical Archaeology, S. 60 ff. Cazelles, R. B. 62, 1955, S. 321 ff.

Wüstenzug angegebene Zahl von 40 Jahren ist wohl eine Rundzahl.[19])

5. Die Landnahme

Der Prozeß der Landnahme durch die israelitischen Stämme läßt sich trotz mancher Aufhellung durch die archäologische Forschung immer noch nicht befriedigend darstellen. Die Voraussetzung für die Einwanderung nach Kanaan war zunächst die Tatsache, daß zwischen der 19. und 20. ägyptischen Dynastie (die 1197 beginnt) das Kanaan beherrschende Ägypten anderthalb Jahrzehnte lang durch Thronkämpfe erschüttert wurde. Während dieser Schwächeperiode Ägyptens konnten sich die Israeliten im Hügelland von Westpalästina festsetzen: Von Kadeš im nördl. Naphtali bis nach Debir im südwestl. Juda und von Central Hauran bis zum Arnon in Transjordanien.

Die im Alten Testament festgelegten Überlieferungen lassen nun folgende Vorgänge als wahrscheinlich erscheinen: Die Eroberung des gesamtes Landes durch die Israeliten ging nicht in einem einzigen Zuge vor sich, sondern neben der Eroberung einzelner Städte (Bethšemeš, Bethel, Tell Beit Mirsim, Lachiš, Hazor)[20]) fand eine langsame Verschmelzung mit den kanaanäischen Landesbewohnern statt (vgl. Ri. 1, 27 ff.; 2, 20 ff.), die später im Volke Israel völlig aufgegangen sind. Gibeon, Sichem, Hepher, Tirzah, Zaphon wurden auf diese Weise unzerstört in den israelitischen Bereich eingegliedert (vgl. Jos. 9, 15—19).[21])

Die einwandernden Israeliten stützten sich auf in Kanaan bereits ansässige verwandte Hebräergruppen, mit denen

---

19) Zum Problem der „Wüstenwanderung" vgl. Rowley, From Joseph to Joshua, 1950 u. die darin zitierte Literatur, ferner ders. in: Donum Nat. Nyberg, 1954, S. 195 ff.; Orientalia Suecana IV, 1955, S. 77 ff.; Cazelles, RHPhR, 35, 1955, S. 51 ff.

20) Vgl. Albright, B. P., S. 18; für Hazor vgl. Yadin, BA. 19, 1, 1956, S. 2 ff., 20, 2, 1957, S. 34 ff.

21) Vgl. Wright, JNES, 5, 1946, S. 105 ff.; ders. Biblical Archaeology, S. 69 ff.; Albright, B. P., S. 13 ff.; zu den genannten Orten vgl. auch Finegan, S. 133 ff.; zu den divergierenden Auffassungen innerhalb der Forschung vgl. Eissfeldt, Die Welt des Orients II, 1955, S. 158 ff. sowie J. Bright, Early Israel in Recent History Writing, 1956.

sie gemeinsame Erinnerungen aus der Vorzeit verbanden, Sippen, die seinerzeit nicht mit nach Ägypten gegangen waren.

Es gab in Kanaan aber auch stark befestigte Plätze, die weder erobert noch friedlich ein- oder angegliedert, sondern die umgangen wurden, weil eine Aneignung nicht möglich war. Dazu gehört z. B. Gezer, das erst Salomo als Mitgift von seiner ägyptischen Ehefrau zufiel (1. K. 9, 16).[21a]) Auch Jerusalem, die alte, erst von David eroberte, stark befestigte Jebusiterstadt (Ri. 1, 21), ist ein Beispiel für die von den Israeliten angewandte Methode der Umgehung befestigter, auf einem Hügel gelegener Städte, ein Verfahren, das übrigens später auch Assyrer und Babylonier anwandten. Wir erfahren ausdrücklich, daß, bis auf Hazor, alle auf einem Hügel gelegenen Städte in Galiläa (also Festungen), von Josua nicht eingenommen werden konnten! (Jos. 11, 13). Im übrigen geht aus 1. K. 9, 21 hervor, daß erst in der Zeit Salomos, also etwa 300 Jahre nach der Einwanderung nach Kanaan, sämtliche Kanaanäer in volle Abhängigkeit gebracht wurden.

Wie das (später nach einem künstlichen 12-Stämme-System)[22]) eingeteilte Volk im Einzelnen zu seinen Wohn- und Siedlungsplätzen gekommen ist, erfahren wir nur bruchstückweise aus dem A. T., doch bieten die Bücher Josua und Richter bei genauer Prüfung mehr Hinweise,

---

21a) Vielleicht ist jedoch statt Gezer „Gerar" zu lesen. Dieser Ort liegt im Südland ((Negeb), Gezer hingegen in der Nähe Jerusalems. Vgl. dazu Schmökel, S. 294 f.

22) Die Zahl 12 für die Stämme kann als Rundzahl gelten, vgl. Gen. 22, 20 ff.; 25, 16; 36, 10 ff.; Mark. 14, 10 u. a. für die Jünger Jesu. Auch in den assyrischen Inschriften ist die Zahl 12 eine Rundzahl: vgl. ANET 279; TGI S. 46, wo die Zahl 12 formelhaft gebraucht wird.

Wegen des langsamen Ansiedlungs- und Verschmelzungsprozesses kann man vermuten, daß die späteren „Stämme" ihre Namen allmählich in Palästina bekommen haben, und so die einwandernden Sippen erst langsam zu eigentlichen „Stämmen" wurden. Demnach wären sie also vor ihrer Landnahme noch keine geschlossenen Verbände gewesen, sondern hätten sich erst durch ihr Beieinanderwohnen in Palästina als „Stämme" konstituiert (Noth S. 71). Zu den Einzelheiten über die verschiedenen Stufen der Landnahme der Sippen vgl. Alt I, S. 126 ff.; Noth S. 73 ff.

als es zunächst den Anschein hat. Allerdings gibt es im A. T. keinen Bericht über die Eroberung der von Ephraim und Manasse eingenommenen Gebiete. Hierbei handelt es sich um Silo, dem später die Lade enthaltenden Heiligtum, dann um Sichem, dem Schauplatz der ersten großen Versammlung nach der Seßhaftwerdung sowie um Timna, wo sich Josua niederließ. Sichem war bereits von den Hebräern der Patriarchenzeit ihrem Gebiet einverleibt worden (Gen. 34), und hier finden wir auch in der Richterzeit ein mehr oder weniger friedliches Miteinanderleben von Manassiten und Kanaanäern (Ri. 9). Die mittelpalästinensischen Ortschaften fielen also zum Teil kampflos an die eindringenden Israeliten, da die Bewohner dieser Städte die Israeliten als ihre Verwandten anerkannten und sich ihnen anschlossen. So stellt sich uns die Landnahme als ein äußerst komplizierter Prozeß und nicht als ein einmaliger Eroberungszug dar (Ri. 1, 1 ff., 17, 21, 27 f.). Die Streitwagenmacht der einheimischen Kanaanäer hätte einen schnellen Siegeszug ohnehin verhindert (Ri. 1, 19). Daher ist es viel wahrscheinlicher, daß es zu größeren kriegerischen Einzelauseinandersetzungen vor allem erst dann kam, nachdem der betreffende „Stamm" zunächst abseits von den ihn umgebenden Herrschaftsbereichen ein freies Gebiet für sich gewonnen hatte und dann von da aus allmählich den festen Orten an seinen Grenzen nähergerückt war, wobei die betreffenden „Stämme" vermutlich auf sich allein gestellt blieben und keine Hilfe von verwandten Sippen erhielten.

Lange Zeit noch haben Israeliten und Kanaanäer nebeneinandergelebt, ehe diese erst langsam amalgamiert bzw. später bekämpft wurden.

Die Israeliten kamen in ein Land von außerordentlich gemischter Bevölkerung. So werden Jos. 9, 1 Hethiter, Amoriter, Kanaanäer, Perizziten, Hiviter und Jebusiter erwähnt, wobei „Kanaanäer" ein Sammelbegriff für die in der Bronzezeit in Palästina lebende Bevölkerung semitischer Sprache ist. Jebusiter sind in der Stadt Jebus (identisch mit Jerusalem) lebende Kanaanäer. Die Hethiter stammen aus Kleinasien (ihre Hauptstadt war Khattuschah), und sie bildeten um 1600 v. Chr. eine

Großmacht, so daß die Hethiter sogar Babylon zerstören konnten. Nach 1400 spielen sie aber eine geringere Rolle, da besonders das Mitanni-Reich und Ägypten gegen die Hethiter auftraten (vgl. Gurney, The Hittites, 1952, S. 21 ff.; Schmökel, S. 119 ff.). Die Amoriter sind eine Restbevölkerung jener Völkergruppe, die um 2000 aus der arabischen Wüste in das Kulturland einbrach (s. o. S. 7). Hiviter und Hurriter sind wahrscheinlich identisch. Bei ihnen handelt es sich um nichtsemitische Stämme unbekannter Herkunft, vielleicht ursprünglich um ein Bergvolk, das am Ende des 3. Jahrtausends nach Nordmesopotamien einwanderte; versprengte Teile dieses Volkes haben dann auch in Südpalästina Wohnsitze gehabt (Gen. 36, 20; Dt. 2, 12). Das Verhältnis der Hurriter zu den sie überschichtenden Indogermanen ist noch ungeklärt. Jedenfalls waren die Hurriter im ausgehenden 18. und beginnenden 17. Jahrhundert in Mesopotamien (Maritexte!) und Nordsyrien (Texte von Alalaḫ) ansässig und bildeten im 15. und 14. Jahrh. dort die Mehrzahl der Gesamtbevölkerung. Vgl. Alt, Hyksos, S. 11 f.; B. Wyss, Hdb. d. Weltgesch. I, 1954, S. 215; Noth, Welt d. A. T.³, S. 185 ff.; Schmökel, S. 154 ff., 213 ff.

Auch von einem gescheiterten Versuch einer „Eroberung" erfahren wir aus dem Bericht über den Stamm Dan (Ri. 1, 34, 35), der sich anfangs im Hügelland zwischen Gebirge und Küstenebene westlich von Jerusalem ansiedeln wollte.[23]) Dan erhielt schließlich Wohnsitze, als die andern Stämme bereits ansässig waren (Ri. 18).

Die Traditionen im Buche Josua erwiesen sich teilweise als legendäre Überlieferungen und nicht als Geschichtsquellen, wobei dieses Erzählgut nicht mit „Märchen" verwechselt werden darf, sondern durchaus als einen geschichtlichen Kern enthaltend angesehen werden muß, um den sich weitere Volkserzählungen ranken.[24]) Dabei ist zu bedenken, daß „Sage und Geschichtsschreibung von demselben Punkt ausgehen: vom Ereignis" (Ernst Herzfeld). Freilich wird der Historiker eine überlieferte Darstellung nicht als historische Quelle werten, wenn die archäologische Forschung den traditionellen Bericht als schlechthin unhaltbar erweist. Das ist bei der Erzählung

23) Vgl. Alt I, S. 131 f.; Noth, S. 67.

24) Vgl. Alt I, S. 130.

der Zerstörung von Ai (Jos. 7—8) der Fall.[25]) Ai wurde im 22. Jahrhundert zerstört und erst zwischen 1200 und 1000 teilweise wieder aufgebaut. Eine Zerstörung durch die einwandernden Israeliten im späten 13. Jahrhundert ist also ausgeschlossen. Die ätiologische Sage in Jos. 7—8 soll erklären, wie Ai („Trümmerhaufen") zerstört wurde. Die späteren Erzähler brachten die Geschichte dann wohl mit ihren einwandernden Vorfahren in Verbindung, von denen sie wußten, daß bei der Landnahme derartiges geschehen war. Vielleicht stützten sie sich dabei auf eine alte kanaanäische Sage.

Es ist nicht völlig ausgeschlossen, daß es sich bei der Eroberungsgeschichte von Ai um eine Darstellung handelt, die ein Ereignis im benachbarten Bethel zur Grundlage hat,[26]) da dieser Ort im 13. Jahrhundert tatsächlich zerstört worden ist (Ri. 1).[27])

Diese Feststellungen von den teilweise sagenhaften Berichten im Buche Josua beweisen nicht, daß Josua, der Nachfolger des Mose in der Führung der „Stämme", keine entscheidende Bedeutung bei der Landnahme in Zentralpalästina gehabt hätte.[28])

25) Vgl. Alt I, S. 133—185; Albright, BASOR 74, 1939, S. 15 ff.; Noth, Josua Kommentar z. St.

26) Vgl. Wright, JNES, 5, 1946, S. 108—114; Albright, BASOR 74, 1939, S. 15 ff.

27) Ähnlich ist die Situation wahrscheinlich bei der Eroberungsgeschichte von Jericho (Jos. 6). Vgl. Noth, S. 138, Anm. 2. Wie die archäologischen Grabungen ergeben, ist Jericho nicht im 13. Jahrhundert, also zur Zeit Josuas, zerstört worden, sondern im 15. Jahrhundert, und dann noch einmal im 14. Jahrhundert. Man könnte annehmen, daß Jericho früher von mit den einwandernden Israeliten verwandten Sippen erobert worden sei und später, als diese mit Israel verschmolzen, die Geschichte vom Fall von Jericho auf die Tradition des gesamten israelitischen Volkes überging, ohne daß eine präzise Differenzierung stattfand. Zu den Grabungen in Jericho vgl. Miss Kenyon, PEQ, 86, 1954, S. 61; The Expository Times, LXVI, 12, 1955, S. 355 ff.

28) Aus einer Prüfung des gesamten uns bis heute zugänglichen inschriftlichen und archäologischen Befundes ergibt sich also, daß die Hauptphase der israelitischen Einwanderung nach Kanaan unter der Führung Josuas nach 1250 v. Chr. fällt, aber noch vor 1219 (Mernephtahstele!). Ein solcher Schluß stützt sich auch auf die Tatsache der Erbauung der Stadt Ramses, die nach 1319 von den in Ägypten versklavten Hebräern errichtet wurde (s. o.). Vgl. Albright, B. P., S. 18; BASOR, 125, 1952, S. 32.

Von besonderer Wichtigkeit war die Erneuerung des Bundes mit JHWH in Sichem (Jos. 24, 1 ff.; vgl. 8, 30 ff.);[29]) die politische Seite dieses Aktes besteht in der Errichtung einer „Eidgenossenschaft", in der sich Gruppen verschiedener Herkunft zusammenfanden: 1. Die Einwanderer; 2. die im Lande gebliebenen hebräischen Verbände sowie 3. die nun langsam in den Israelstämmen aufgehenden Kanaanäer. Die Israeliten sahen sich in Palästina einer ausgeprägten kanaanäischen Religion und Kultur gegenüber, die bei dem Verschmelzungsprozeß zwischen Israeliten und Kanaanäern auf Israel überzugreifen drohte und die, wie wir aus dem Buche Richter erfahren, die einzelnen Stämme in ihrem Verhältnis zu JHWH auch stark beeinflußte. Seit den Funden von Ugarit[30]) ist uns jene kanaanäische Religion einigermaßen bekannt, wobei allerdings die spezifisch palästinensische Ausprägung sich im einzelnen von der Religion Ugarits unterschieden haben mag. An der Spitze ihres Pantheons standen El und Baal, der Sturmgott und „König der Götter", eine Vegetationsgottheit.[31]) Auf zahlreichen Plättchen (z. B. aus Tell Beit Mirsim) ist die Fruchtbarkeitsgöttin Ašera abgebildet, die bereits in der frühen Bronzezeit in Mesopotamien verehrt wurde.[32]) (Vgl. Ri. 3,7: Ašerot und Baal.) Die Kanaanäer besaßen zahlreiche Tempel, Heiligtümer und priesterliche Institutionen.[33])

Im Gegensatz zu diesem auch noch in viel späteren Zeiten besonders die Frauen anziehenden „Reichtum" der

---

29) Alt I, S. 191 f. Auch Noth (S. 89 ff.) rechnet mit der Möglichkeit, daß Josua als erster dem Zwölfstämmeverband in Sichem „Satzung und Recht" gegeben haben könnte, obwohl die uns darüber zur Verfügung stehenden alttestamentl. Quellen weder literarisch noch inhaltlich einheitlich sind, offenbar aber älteres Material enthalten (Mendenhall, Law and Covenant in Israel and the Ancient, Near East, 1955, S. 41 f.).

30) W. Baumgartner, Th. R. 12/13, 1940—1941; Gordon, Introd. S. 81 ff.; ders. Ugaritic Manual (Analecta Orientalia 35) 1955; Albright, ARI, S. 68 ff.; Schaeffer, Syria, 31, 1954, S. 14 ff.; Schmökel, S. 224 ff.; 239 ff.

31) Vgl. Albright, Steinz. S. 232 f.; B. P., S. 15; Orlinsky, S. 52 ff.

32) Albright, A. P., S. 104 ff.

33) Barrois, Manuel d'Archeol. Bibl. II, 1953, S. 324ff.; Noth, Die Welt des A. T.³, 1957, S. 221 ff. Eissfeldt, El and Yahweh, JSS, I, 1, 1956, S. 25 ff.; Wright, Biblical Archaeology, S. 106 ff.

kanaanäischen, eng mit der Erde und ihrer Vegetation verbundenen Kultur, stand der Glaube an den einen, ohne jede Abbildung zu verehrenden Gott Israels. Hier gab es weder eine ausgeprägte Mythologie noch dramatisches Ritual, weder orgiastische Bräuche noch ästhetischen Genuß, sondern allein die moralische Forderung. Gelang es Israel auch im Laufe der Zeit immer mehr, die religiösen Einflüsse Kanaans zu überwinden und JHWH allmählich zur Anerkennung zu verhelfen (obwohl der kanaanäische Kult immer wieder auflebte und von israelitischen Propheten bekämpft werden mußte), so bot doch die höher entwikkelte Zivilisation Kanaans den Einwanderern aus der Wüste solche Fortschritte gegenüber dem bisher Gekannten, daß sie unwiderstehlich davon angezogen und ihre eigenen Lebensformen nahezu aufgesogen wurden. Etwas ähnliches geschah, als die semitischen Akkader in die nichtsemitische Gesellschaft der Sumerer eindrangen und schließlich als Rom Griechenland eroberte: Die Sieger wurden durch die höhere Kultur ihrer Opfer besiegt.[34]) Auch das alttestamentliche Hebräisch entwickelte sich aus einem kanaanäischen Dialekt (vgl. Jes. 19, 18),[35]) ebenso sind gewisse stilistische Eigentümlichkeiten der hebräischen Sprache (z. B. der parallelismus membrorum) sowie Metren der Poesie kanaanäischen Ursprungs. Zwischen Israel und den umgebenden Völkern blieben aber noch strukturelle Unterschiede bestehen: Die Israeliten waren auf Stammes- bzw. Clan-Ebene organisiert, es handelt sich dabei um eine Art von patriarchalischer Gesellschaftsform; die Stämme hatten untereinander nur losen Zusammenhang. Die Nachbarvölker Edom, Moab und Ammon hingegen wurden von Königen regiert. Die fehlende politische Einheit der Stämme und ihre Verstreutheit innerhalb Palästinas verlockte die von starker Hand regierten transjordanischen Staaten Moab und Ammon, die Israeliten anzugreifen. Aber nicht nur soziologisch bestand ein beträcht-

---

34) Orlinsky, S. 53. Vgl. auch Albright, B. P., S. 18.

35) Vgl. Baumgartner, Anthropos, 35/36, 1940/41, S. 604 ff.; C. Brockelmann, Hdb. der Orientalistik, 3. Bd. (Semitistik), 1953, S. 59 ff.

licher Unterschied zwischen den Nachbarreichen sowie den von lokalen Königen regierten Kanaanäerstädten auf der einen und den israelitischen Stämmen auf der anderen Seite. Die durch archäologische Grabungen aufgedeckten Kanaanäerstädte (z. B. Beth-šan, Megiddo u. a.) weisen Denkmäler hoher materieller Blüte auf (Tempel, Kultobjekte, Paläste), hingegen machen die aufgefundenen israelitischen Siedlungen eher einen ärmlichen Eindruck; die Israeliten scheinen gegenüber den Kanaanäern auf dem Gebiete der materiellen Zivilisation weit zurückgeblieben gewesen zu sein.[36])

6. Die Zeit der Richter (ca. 1200—1020)

Die Periode der Richter ist der Beginn der Eisenzeit in Palästina. Seit 4000 v. Chr. war Kupfer als Metall für Werkzeuge und Waffen verwendet worden. Zu Beginn der Hyksoszeit (ca. 1700) mischte man Zinn und Kupfer zu Bronze. Im 14. Jahrh. taucht dann das von den Hethitern durch einem komplizierten Schmelzprozeß gewonnene Eisen auf, dessen Herstellungsgeheimnis erst nach dem Fall des Hethiterreiches (um 1200) bekannt wurde. Die Philister führten das Eisen in Palästina ein (12. und 11. Jahrhundert), und von ihnen übernahmen es allmählich die Israeliten.

Man unterscheidet innerhalb der Eisenzeit drei Perioden:

1. 12.—10. Jahrh.: Richterzeit, vereinigtes Königreich Israel-Juda;
2. 9.—Anfang des 6. Jahrh.: Die geteilten Reiche Israel und Juda;
3. 550—330: Exil und Restauration.

Das System, nach dem sich die in Palästina angesiedelten israelitischen Stämme organisierten, hat man mit der Amphiktyonie verglichen:[37]) Ein relativ loser Stämmeverband, gruppiert um ein gemeinsames zentrales Heiligtum (Sichem, später Silo), mit der Verpflichtung der Mit-

36) Vgl. Albright, B. P., S. 18; A. P., S. 119 f.
37) Vgl. Noth, S. 86 ff.

glieder zu Frieden und gegenseitigem Beistand. Zum Unterschied zu den hellenischen Stämmen war den Israeliten jedoch die Verehrung von Lokalgöttern verboten. Die israelitischen Stämme erhielten auf diese Weise einen gewissen kultischen und politischen Zusammenhang, während sie räumlich durch die nicht eroberten Kanaanäerstädte getrennt und wegen ihrer verschiedenen Herkunft uneinheitlich waren.

Zu einer wirklichen Einheit konnten die israelitischen Stämme schon aus rein geographischen Gründen nicht kommen: Galiläa war von Manasse und Ephraim durch die von den noch unbesiegten Kanaanäern beherrschte Jesreel-Ebene getrennt; zwischen dem Gebirge Juda und dem von Ephraim lag die wichtige kanaanäische Festung Jerusalem.

Geeint wurde die „Eidgenossenschaft" durch die ursprünglich zwar nicht allen Gruppen gemeinsame, aber von allen schließlich akzeptierte mosaische Tradition, die als Ferment zwischen ihnen wirkte. Die relativ lose Verbindung zwischen den einzelnen Stämmen hatte auch auf religiösem Gebiete Folgen. Obwohl die spezifisch israelitischen Traditionen einigend wirkten, entstand durch den von den Kanaanäern verehrten Baal eine ernste Gefahr für Israel, und noch in den Namen der Familien von Saul und David taucht das theophore Element „Baal" auf, ganz zu schweigen von seinem Vorkommen zur Zeit der Richter. Von Gideon wird im Richterbuch der Name Jerubbaàl (möge Baal Zuwachs geben) als sein eigentlicher Name berichtet.

Der oben erwähnte langsame Verschmelzungsprozeß zwischen den Kanaanäern und den Israeliten bewirkte eine gegenseitige Assimilation. Aber gerade in kritischen Situationen wurde durch die Erscheinung eines charismatischen Führertums sowohl der religiösen Annäherung eine Grenze gesetzt als auch die militärische Bedrohung herabgemindert.[38]) Die Richter konnten zwar in einzelnen Fäl-

38) Albright, ARI, S. 117; Noth, Festschrift f. A. Bertholet, 1950, S. 404 ff.

len militärische Hilfe von anderen israelitischen Stämmen erhalten, ihre politische Macht beschränkte sich jedoch auf das Gebiet ihrer engeren Heimat. Von manchen Richtern erfahren wir nur die Namen, von anderen sind einzelne Heldentaten überliefert. Es waren Menschen ganz verschiedener Herkunft: Othniel wird als Stammeshäuptling bezeichnet; Ehud, Barak und Gideon kamen aus kleinen Verhältnissen; Jair, Ibzan und Abdon waren offenbar wohlhabende Männer; bei Jephta handelt es sich um den Sohn einer Dirne (Ri. 11, 1f!); Eli war ein Priester, Samuel ein Prophet, und bei Simson schließlich haben wir eine sagenhafte Gestalt vor uns. Die alttestamentlichen Erzähler schildern die Richter gelegentlich als durch einen Gottesboten im Namen des Gottes Israels zu einer bestimmten Tat aufgerufene Persönlichkeiten. Ohne daß diese ein Amt hätten, schreiten sie zur Aktion und finden als von Gott Berufene Gefolgschaft; der von ihnen geführte Krieg ist ein „heiliger Krieg".[39]) Doch sind keineswegs alle im Richterbuch als „Richter" bezeichneten Personen Träger eines Charisma gewesen, noch haben etwa alle eine Funktion im religiösen Bereiche gehabt. Bei einer ganzen Reihe von sogen. „Richtern" handelte es sich einfach um Stammeshäuptlinge.

Die nachhaltigste und schwerste Gefahr drohte den israelitischen Stämmen durch die Invasion der philistäischen Seevölker um 1187. Diese siedelten sich an der palästinensischen Küste von Gaza bis Dor an, nachdem es Ramses III. (1175—1154) gelungen war, sie von Ägypten fernzuhalten.[40]) In ihren fünf Küstenstädten Gaza, Aškalon, Ašdod, Akkaron und Gath (sowie in Dor und südlich von Gerar) bildeten die Philister eine kriegerische Herrenschicht über der alten kanaanäischen Bevölkerung dieses Gebietes, unter der Herrschaft von Fürsten; bei militärischen Auseinandersetzungen handelten die Philister als

39) Vgl. v. Rad, Der heilige Krieg im Alten Israel, 1951; Noth, S. 139.

40) Vgl. ANET, S. 262. Schmökel, S. 236 f.

nationale Gruppe. Im A. T. werden diese fremden Krieger als „Unbeschnittene“ bezeichnet, die aus Kreta (Am. 9, 7; Jer. 47, 4) gekommen seien; ihre eigentliche Herkunft ist jedoch ungeklärt; vielleicht war Kreta die letzte Station der Philister vor ihrer Festsetzung in Palästina.[41])

Die bedeutendste während der Richterzeit ausgefochtene Schlacht wird in poetischer Form im Deboralied (Ri. 5), einem der ältesten im A. T. überlieferten Stücke geschildert, sowie in der Prosaerzählung Ri. 4. Daß der bei Taanak besiegte Sisera, König in Haroseth, in irgendeiner Beziehung zu den philistäischen Seevölkern stand, ist möglich, aber nicht erwiesen. Nach dem alttestamentlichen Bericht ging der Kampf von Naphtali, Sebulon und Issachar aus (Ri. 4, 6. 10; 5, 14f. 18). Barak aus dem Stamme Naphtali war der durch die Richterin Debora inspirierte militärische Führer (Ri. 4, 4). Für den fehlenden politischen Zusammenhalt der Israeliten ist die Tatsache charakteristisch, daß die Mehrzahl der Stämme mit dieser Auseinandersetzung nichts zu tun hatte und auch nicht zur Hilfe eilte (Ri. 5, 16ff., 23).

Die Richterzeit ist gekennzeichnet durch kriegerische Angriffe der umwohnenden Völker gegen die israelitischen Stämme. Die zunächst erfolgreiche Invasion der Moabiter wird durch den Einsatz des Benjaminiten Ehud zum Halten gebracht (Ri. 3, 12—30), der mit Hilfe der Ephraimiten (Ri. 3, 27 ff.) und seines benjaminitischen Stammes dem Moabiterkönig Eglon die Stadt Jericho wieder entreißt. Ehud ist ein Beispiel dafür, daß der Titel eines „Richters“ vor allem Kriegshelden verliehen wird, die ihren Stamm (oder auch verwandte Stämme) aus drohenden Gefahren befreien. Freilich wurde angenommen, daß ihr Erfolg erst durch göttliche Begnadung ermöglicht worden sei, und so erhielten sie dann eine über das Kriegs-

41) Vgl. Alt I, S. 266 ff.; Noth, S. 39 ff. Zu dem Typus der Mycenae-Keramik ähnlichen Töpferware der Philister vgl. Albright, A. P., S. 114 ff.; zu ihrer Herkunft vgl. B. Wyss, Hdb. d. Weltgesch. I, Sp. 204, der annimmt, es handle sich vielleicht bei den Philistern um ein indogermanisches Volk aus Illyrien.

handwerk hinausgehende Führerrolle in ihrem Stamme und wurden zum zivilen Häuptling.

Handelte es sich bei den bisher geschilderten Ereignissen um Feldzüge aus Kulturländern, so war der Einfall Midians eine Razzia von der Wüste her. Zu Beginn des 11. Jahrhunderts wurden die israelitischen Stämme von kamelreitenden Nomaden[42]) aus der Wüste bedroht, die im A. T. als „Midian, Amaleq und die Bene Qedem" (Ri. 6, 3) bezeichnet werden, womit allgemein die Bewohner der östlichen Wüste gemeint sind. Diese Nomaden hatten es nicht auf die Eroberung und den Besitz von Kulturland abgesehen, sondern auf den Raub von dessen Erträgnissen. Der in Ophra beheimatete Manassite Gideon (Jerubbaal) konnte die wiederholte Bedrohung durch die Midianiter abwenden und ihnen am Südwestausgang der Jesreel-Ebene eine empfindliche Niederlage bereiten (Ri. 7), die offenbar so eindrücklich war, daß die israelitischen Stämme fortan vor midianitischen Raubzügen verschont blieben.

Bedeutsam für die israelitische Religion wurde Gideon durch seinen Kampf gegen Baal und für JHWH. Daß Joaš (Gideons Vater) ein mit dem theophoren Element von JHWH gebildeten Namen aufweist, Gideon jedoch wohl ursprünglich Jerubbaal hieß und als Kebsfrau eine kanaanäische Sichemitin hatte (Ri. 8, 31), zeigt die komplizierten religiösen Verhältnisse zur Zeit der Richter.

Von besonderer Art war das „Königtum" des Abimelech, Sohn von Gideon und der sichemitischen Kebsfrau (Ri. 9, 1—6; 22—54). Abimelech rottete die meisten männlichen Mitglieder der Sippe Jerubbaal aus, und es gelang ihm, das Vertrauen der die Stadt Sichem regierenden Aristokratie zu erwerben, aus der er ja mütterlicherseits stammte, und sich zum Stadtkönig von Sichem erheben zu lassen, das trotz der kanaanäischen Bevölkerung

42) Der Einfall der kamelreitenden Midianiter ist ein Beweis, daß das gezähmte Kamel etwa um 1100 v. Chr. bereits zur Verfügung stand. Vgl. Albright, Steinzeit, S. 163 f.

zum Verbande des Stammes Manasse gehörte (Num. 26, 31). Abimelech wollte seine Herrschaft nun aber auch auf die manassitisch-ephraimitischen Sippen ausdehnen, und so wählte er nicht Sichem, sondern das kleine im ephraimitischen Gebiete gelegene Landstädtchen Aruma (10 km südöstlich von Sichem) zu seinem Sitze; in Sichem setzte er einen Statthalter ein. Nur drei Jahre dauerte die vereinigte Herrschaft über die Kanaanäerstadt und die beiden israelitischen Stämme, die Abimelech den Mord an der Sippe des Jerubbaal offenbar nicht weiter verübelt hatten, als die Sichemiten von Abimelech abfielen, weil sie seine Politik des „vereinigten Königtums" und des Ausgleichs zwischen Israeliten und Kanaanäern mißbilligten. Abimelech schlug den Aufstand nieder und zerstörte die Stadt Sichem. Er kam ums Leben, als er die in der Nähe Sichems gelegene Stadt Thebez erobern wollte. Als erste über israelitische Sippen herrschende Persönlichkeit hatte sich Abimelech den Königstitel zugelegt, vermutlich in Anlehnung an das kanaanäische Stadtkönigtum; seine Geschichte zeigt die zwischen Kanaanäern und Israeliten bestehende Spannung, an der er auch scheiterte.

Mit den Ammonitern, deren Hauptstützpunkt die Stadt Rabbath war (an der Stelle des heutigen Amman), hatte sich Jephta auseinanderzusetzen (Ri. 10, 6—12, 7). Der Kampf ging um die Stadt Gilead, die Jephta für den Stamm Ephraim retten konnte. Seine Tat trug ihm das Richteramt (wohl nur über seinen Stamm) ein (Ri. 12, 7); auch er wird als ein mit dem Charisma Ausgezeichneter geschildert (Ri. 11, 29).

Die gefährlichste Bedrohung erfuhren die israelitischen Stämme weder durch die kleinen Nachbarvölker noch durch die Nomaden, sondern durch die philistäischen Seevölker (vgl. oben S. 28 f). Die in den Simsongeschichten (Ri. 13—16) erwähnten legendären Ereignisse lassen uns die Bedrohung des den Philistern benachbarten Stammes Dan erkennen, und in dem Untergang des Krafthelden Simson zeichnet sich zugleich auch schon die Gefahr für seinen Stamm sowie für alle Israeliten ab, die nicht in der Lage waren, den Philistern Widerstand zu bieten.

Zur eigentlichen Katastrophe für Israel kam es aber erst etwa eine Generation nach der Seßhaftwerdung der Philister in Palästina (ca. 1150).[43]) Sie vernichteten die Israeliten bei Ebenezer, raubten die Lade und zerstörten das Zentralheiligtum in Silo (1. Sam. 4). Auch Städte im Gebiete des Stammes Juda gingen den Israeliten verloren. Bei diesem Siegeszug handelte es sich vermutlich um gemeinsame Kriegshandlungen von Philistern und mit ihnen verbündeten Kanaanäern. Zum ersten Male tritt in dem Kampf gegen die Philister nun offenbar ein gesamtisraelitischer Heeresverband auf. Die Niederlage gegen die Philister wirkte sich zwar nach außen negativ aus: Philistäische Besatzungen auf israelitischem Gebiet (1. Sam. 10, 5; 13, 3), Verbot der Herstellung von Waffen, indem die Philister den Israeliten das Ausüben des Schmiedehandwerks verboten (1. Sam. 13, 19 ff.). Nach innen führte die politische und militärische Ohnmacht jedoch zur Stärkung des Einheitsbewußtseins der israelitischen Stämme, das in religiöser Hinsicht gewiß durch Samuel aktiviert worden war. Die israelitische Tradition, nach der er ein Vorkämpfer für den Monotheismus gewesen sein soll, ist unbezweifelbar.[44])

Um dem Druck der philistäischen Oberherrschaft zu begegnen, mußten sich die israelitischen Stämme enger zusammenschließen als bisher, als politische Folge dieser Vereinheitlichungsbewegung ergab sich die Errichtung eines israelitischen Königtums. Frühere Versuche, ein erbliches Führertum auf Stammesebene zu schaffen, hatten bekanntlich keinen Erfolg gehabt (Abimelech), und Samuels Söhne, denen er die Nachfolge im Richteramt hatte anvertrauen wollen, waren korrupt gewesen.

---

43) Vgl. Auerbach I, S. 155 ff.; Albright, Historia Mundi II, 1953, S. 354 ff.; Noth, Welt d. A. T.[3], S. 67 f.

44) Vgl. Albright, B. P., S. 22.

7. Das Königtum Sauls (ca. 1020—1000)

Wie es nun zu einem israelitischen Königtum kam, erfahren wir aus 1. Sam. 11. Die Bewohner der Stadt Jabes werden von den Ammonitern bedroht, die israelitische Bevölkerung wendet sich hilfesuchend an die anderen Stämme. Auf diesen Hilferuf reagiert der Benjaminite Saul, indem er den Heerbann der Stämme einberuft; unter seiner Führung (1. Sam. 11, 7) entsetzen die Israeliten Jabes. Dieser Sieg nach den vorangegangenen Niederlagen hatte eine starke Wirkung auf die Stämme: In dem mittelpalästinensischen Heiligtum Gilgal wurde der Held des Tages, Saul, zum König ausgerufen (1. Sam. 11, 15). Wie die Institution der Richter, so entsprach auch das Königtum dem Bedürfnis nach Verteidigung gegen äußere Gefahren. Der letzte Richter, Samuel, salbt den ersten König: die Geschichte des ersten Königs, Saul, (1020—1000), beginnt wie diejenige des ersten Richters.

Seinem ersten Sieg gegen die Ammoniter im Osten (1. Sam. 11) konnte Saul bald weitere Erfolge, nun aber gegen die Philister im Westen, hinzufügen, die er jedoch nur in lokalen Gefechten besiegte (1. Sam. 13). Die entscheidenden Auseinandersetzungen standen ihm noch bevor. Saul residierte in seinem Heimatort Gibea, wo er sich einen bescheidenen Burgbau errichten ließ.[45]) Aber bald kam es zwischen Samuel und Saul zu ernsten Konflikten, wobei vermutlich auch Schwierigkeiten zwischen Saul und den Stämmen mitspielten. Vom innenpolitischen Standpunkt aus war die Wahl Sauls zum König von Vorteil: Sein benjaminitischer Stamm spielte innerhalb des israelitischen Stammesbereiches nur eine untergeordnete Rolle, so daß keine Gefahr zu bestehen schien, er könnte sich über die anderen Stämme erheben; im übrigen hatte Benjamin eine zentrale Lage. Trotzdem boten diese Faktoren keine Gewähr für eine ungetrübte Herrschaft. Die Gründe für Sauls Scheitern lagen wenigstens teilweise in seinem arg-

45) Vgl. Albright, B. P., S. 24; Noth, S. 161.

wöhnischen und herrschsüchtigen Charakter.[46]) Dazu kam, daß das Verhältnis zwischen den alten sakralen Funktionen innerhalb der Stämme und der neuen weltlichen Herrschaft des ersten Königs unklar blieb. So konnte es schließlich geschehen, daß Samuel als der Hüter dieser sakralen Traditionen Saul verwarf, nachdem er ihm einst selber zur Königswürde verholfen hatte. Der Konflikt wird auch dadurch weiter geschürt, daß Saul in der Person seines Waffenträgers David[46a]) ein Rivale erwächst, der durch seine strahlende Erscheinung schnell die Sympathien der Israeliten (1. Sam. 18, 7) und die Freundschaft von Sauls Sohn Jonathan gewinnt (1. Sam. 19, 20). Der Konflikt zwischen Saul und den Stämmen kam allerdings nicht voll zum Austrag, denn in der Entscheidungsschlacht in der Jesreel-Ebene, wo die Philister den mittel- und südpalästinensischen Stämmen eine vernichtende Niederlage zufügten, gab sich Saul selbst den Tod (ca. 1000); ein großer Teil seiner Söhne fiel (1. Sam. 31). Die Stämme im galiläischen Gebirge und im Ostjordanlande nahmen an dieser Schlacht nicht teil.

Die Oberherrschaft der Philister über Palästina schien nun endgültig gesichert. Daß dennoch bald nach dem Tode Sauls eine entscheidende Wende im Schicksal Israels eintrat, hing mit der Persönlichkeit des Mannes zusammen, der als einer der bedeutendsten Israeliten in die Geschichte eingegangen ist: David.

Im Unterschied zu sämtlichen anderen Epochen der israelitisch-jüdischen Geschichte besitzen wir über einen längeren Zeitabschnitt von Davids Regierung ein Stück echter Geschichtsschreibung (2. Sam. 9—20), das offenbar von einem Zeitgenossen der Geschehnisse, wenn nicht sogar von einem Augenzeugen stammt.

---

46) Es darf bei der Beurteilung Sauls jedoch nicht außer acht gelassen werden, daß die Autoren des 1. Samuelbuches die Geschichte Sauls parteiisch zugunsten Davids schrieben. Vgl. Millar Burrows in: The Idea of History in the Ancient Near East, 1955, S. 109.

46a) Dâwidum bedeutet wohl nach den Maritexten (vgl. Schmökel, S. 86; 292) etwa „Truppenführer" und ist offenbar von David aus seiner Söldnerzeit als Thronname übernommen worden.

8. David (ca. 1000—960)

Über die Anfänge von Davids Leben besitzen wir mehrere einander widersprechende Traditionen (vgl. 1. Sam. 16, 1—13; 14 ff.). Soviel scheint festzustehen: David fiel durch die Stärke seiner Persönlichkeit auf, kam an den Hof Sauls, heiratete dessen Tochter Michal, erregte Sauls Eifersucht und mußte fliehen. David sammelte in den judäischen Bergen eine Gruppe von Leuten um sich und wurde ein Söldnerführer (1. Sam. 22, 1—2). Sauls Nachstellungen entkam er dadurch, daß er bei dessen Feinden, den Philistern, Asyl fand. Sie trauten ihm aber nicht soweit, daß sie ihn mit in den Kampf gegen Saul ziehen ließen, so daß David zu dessen entscheidender Niederlage nichts beigetragen hat (1. Sam. 28, 1—2; 29. 1 ff.). Davids Tätigkeit als Condottiere, ursprünglich aus Not ausgeübt, um Sauls Verfolgungen zu entgehen, brachte ihm für seine späteren Pläne dadurch Nutzen, daß er Vertrauen bei den Südstämmen gewann, indem er sie vor räuberischen Nomaden schützte (1. Sam. 27, 8—12. 30) und deren Ältesten Geschenke sandte (1. Sam. 30, 26 ff.). David verfügte über eine kleine, ihm treu ergebene Privattruppe, mit der er sich bis zum Tode Sauls auf Geheiß des Philisterfürsten Achiš von Gath in Ziklag niederließ (1. Sam. 27, 5 ff.). Nach Sauls Tod zog David nach Hebron, wo er offenbar in dem alten Heiligtum Mamre zum „König über das Haus Juda" (2. Sam. 2, 4) gesalbt wurde. Ein Judäer aus Bethlehem war er selbst, eine südpalästinensische Frau namens Ahinoam hatte er früher bereits geheiratet (1. Sam. 25, 43), und auf einem seiner Züge nahm er noch Abigail zur Frau, die aus Maon (ca. 15 km von Hebron entfernt) stammte. Durch Herkunft, Eheschließungen und Geschenke war er also für ein Königtum über Juda (womit offenbar nicht nur dieser eine Stamm, sondern eine Reihe von Südstämmen gemeint ist) wohl vorbereitet.

Die Philister mögen gegen diesen judäischen König, der bis dahin ihr mehr oder weniger zuverlässiger Lehnsmann gewesen war, um so weniger einzuwenden gehabt haben, als ein Königtum über die Südstämme eine auch nach außen hin sichtbare Spaltung der Israeliten bedeutete, indem der „Zwölfstämmeverband" zerfiel, der sich in der Vergangenheit allerdings nie durch einen sehr festen Zusammenhalt ausgezeichnet hatte. Der Feldherr Sauls, Abner, brachte den einzig überlebenden Sohn Sauls mit dem kanaanäischen Namen Ešbaal (Baal ist)[47]) in das Ostjordanland nach Mahanaim, wo er zum König über Israel erhoben wurde (2. Sam. 2, 8 f.); er verfügte aber nur über ein stark eingeschränktes, die Stämme auf dem ostjordanischen, dem galiläischen und samarischen Gebirge umfassendes Herrschaftsgebiet.[48]) Als Abner dann zu David überlief (2. Sam. 3, 6 ff.), war es um das Königtum des ohnehin schwachen Ešbaal bald geschehen; er wurde von zwei Soldaten ermordet (2. Sam. 4, 7 ff.), ohne daß diese Gewalttat allerdings die Billigung Davids gefunden hätte. Ihm wäre es früher oder später ohnedies gelungen, den schwachen Rivalen auszuschalten. Später ermordete Joab, Davids Feldherr, den Abner, angeblich in Erfüllung einer Blutrache, in Wirklichkeit aber aus Eifersucht. Inzwischen war auch Sauls Tochter, Michal, an den Hof Davids gekommen, nachdem sie jahrelang auf Geheiß ihres Vaters von David getrennt gelebt hatte. Die dynastische Wiederverheiratung mit einer Tochter Sauls sollte Davids Anspruch auf Sauls einstiges Herrschaftsgebiet über die nord- und mittelpalästinensischen Stämme untermauern, zumal aus Sauls Geschlecht nur noch ein lahmer Enkel, Jonathans Sohn Meribaal (2. Sam. 9, 6 ff., vgl. 1. Chr. 8,34), am Leben geblieben war.

Nach einigen Jahren wurde David in Hebron auch das Königtum über Israel übertragen (2. Sam. 5, 1 ff.), so daß er die beiden nach Sauls Niederlage entstandenen Staaten in Personalunion beherrschte. Sieben Jahre war David König über die Südstämme.

---

47) Zum Namen Ešbaal vgl. Albright, ARI, S. 207, Anm. 62.
48) Vgl. Noth, S. 169.

Die nun gewonnene Machtfülle des von den Philistern einstmals abhängigen David konnte diesen nicht gleichgültig bleiben. Es gelang ihm jedoch, die Philister in zwei entscheidenden Schlachten zu besiegen (2. Sam. 5, 17—25; 8, 1) und sie bis an ihr engeres Gebiet, die Küstenstädte, zu verfolgen. Von nun an war die philistäische Gefahr für die Israeliten gebannt und die Vorherrschaft der Philister in Palästina beendet. Bald nach der Niederwerfung der Philister hielt David Ausschau nach einer Hauptstadt für das von ihm gegründete Reich. Seine Wahl fiel auf die Stadt Jerusalem[49]), die viele Vorteile bot: Sie bildete eine nicht-israelitische Enklave und gehörte daher zu keinem der einzelnen Stämme; sie lag ungefähr in der Mitte des Reiches auf einem Hügel in 800 m Höhe in einem Talkessel und eignete sich auch aus strategischen Gründen für eine befestigte Hauptstadt. David gliederte Jerusalem keinem der Stämme ein; er machte sich als Nachfolger des bis dahin dort herrschenden Jebusiterkönigs zum Stadtkönig von Jerusalem und besiedelte es mit unmittelbaren Gefolgsleuten („Diener des Königs"). Offiziell erhielt nun die Stadt den Namen: Davidsstadt.

Diente die Gründung einer Hauptstadt dem politischen Zusammenhalt des Stammesbundes, so versuchte David mit der Einholung der Lade nach Jerusalem die Stadt auch zu einem neuen religiösen Zentrum seines Reiches zu machen (2. Sam. 6, 1 ff.); die Bevorzugung eines der alten Stammesheiligtümer hätte nur zu Eifersucht und Rivalität zwischen den Stämmen geführt.

Von nun an blieb der Berg Zion, der die Kultstätte von Jerusalem trug, der heiligste Ort des Volkes Israel.

Weniger aus dem Wunsche, sein Staatsterritorium durch Expansion zu vergrößern, als vielmehr wegen der fehlenden Geschlossenheit des Reiches, wodurch Nachbarvölker zu Angriffshandlungen angereizt wurden, entschloss sich David bald zu neuen militärischen Unternehmungen.

49) Vgl. Simons, Jerusalem in the Old Testament, 1952; Vincent, Jerusalem de l'Ancient Testament I, 1954; II/III, 1956.

Eine Reihe in das israelitische Gebiet eingestreute Kanaanäerstädte verleibte er seinem Reiche ein. Durch die Siege über den König Hadadeser von Zoba (den mächtigsten Aramäerfürsten), die Moabiter, Edomiter sowie die Ammoniter wurde Israel eine der führenden Mächte des Vorderen Orients.

Edom wurde dem davidischen Reiche einverleibt und durch Statthalter regiert; Ammon blieb als ein eigener Staat zwar bestehen, David verband aber in Personalunion das Königtum Ammons mit dem von Juda, Israel und Jerusalem. Der König von Moab wurde vermutlich als Vasall belassen, und in Damaskus setzte David Statthalter ein.

Das davidische Reich erstreckte sich im Süden vom Golf von Aqabah bis in das Gebiet von Hums im Norden: „Vom Strom (Euphrat) bis zum Lande der Philister und bis zur Grenze Ägyptens" (1. K. 5, 1). Die fünf Vororte der Philister zwang David in ein tributpflichtiges Abhängigkeitsverhältnis; mit dem phönizischen Sidon schloß er einen Freundschaftsvertrag wie vorher auch mit Hamat am Orontes. So schuf David einen Großstaat, der auf syrisch-palästinensischen Boden in der Geschichte kein Vorbild hatte. Freilich wurde Israel dadurch entscheidend begünstigt, daß die vorderorientalischen Großmächte Ägypten und Assyrien zu Davids und seines Sohnes Salomos Zeiten auf dem Tiefpunkt ihrer internationalen Geltung seit dem 18. bzw. 14. Jahrhundert angelangt waren. Ägypten erreichte neue Bedeutung unter Sošenq I. (935 bis 914), und Assyrien kam erst etwa 875 wieder zu Macht und Ansehen.[50])

Die Organisation des davidischen Reiches wurde nun nicht mehr auf Stammesebene durch die Ältesten durchgeführt, sondern auf zivilem Gebiet von einer nach ägyptischem Beispiel aufgebauten Bürokratie[51]) und auf militärischem durch das allein der Person Davids verpflichtete Söldnerheer (Kommandant: Benaja); gelegentlich wurde

50) Schmökel, S. 251 ff.

51) Vgl. de Vaux, S. 745; Yeivin, V.T. 3, 1953, S. 150 ff.; Barrois, Manuel d'Arch. Biblique II, 1953, S. 60 ff.

auch der Heerbann der Stämme, die Miliz (Befehlshaber: Joab) unter Mitnahme der heiligen Lade herangezogen, die den alten Stämmebund versinnbildlichte. Aus den alttestamentlichen Quellen wird deutlich, daß Davids Großreich ein allein durch seine Person zusammengehaltener Staatsverband war, der von ihm in Personalunion regiert wurde. Eine wirkliche Verschmelzung der beiden Reiche erfolgte jedoch nicht; die Trennung blieb im Bewußtsein ihrer Bewohner weiter bestehen.

Erwies sich David zwar als ein äußerst fähiger Feldherr und vorzüglicher Organisator, so versagte er, als es darum ging, für die Nachfolge Sorge zu tragen. Die Schwierigkeiten waren freilich groß, denn für das ganz auf seine Person ausgerichtete Staatsgebilde gab es keine traditionellen Vorbilder, die er hätte übernehmen können. David mag zwar die mit der Nachfolgeordnung zusammenhängenden Probleme erkannt haben, aber er verzögerte die Entscheidung allzu lange, so daß seine letzte Lebenszeit durch Kämpfe um die Thronfolge verdüstert war. Offenbar sollte zunächst der erstgeborene Sohn Amnon (2. Sam. 3, 2) Thronerbe werden, aber Amnon wurde von seinem Bruder Absalom ermordet (2. Sam. 13, 14). Hätte dieser sich nicht auch noch wider David erhoben, so wäre wohl die Nachfolge auf ihn übergegangen. So aber mußte David gegen seinen eigenen Sohn zu Felde ziehen, wobei Absalom getötet wurde (2. Sam. 18). Als David sich etwas voreilig von Juda wieder zum König ausrufen ließ, versagten ihm die gekränkten Israeliten die Gefolgschaft und mußten erst mit Gewalt niedergeworfen werden (2. Sam. 20). „Wir haben keinen Teil an David und keinen Erbanteil am Sohne Isais! Jeder (kehre heim) zu seinen Zelten, Israel!“ (2. Sam. 20, 1) war ein gefährliches Losungswort, durch das ein Sonderbewußtsein des israelitischen Stammesverbandes zum Ausdruck kam; die spätere Tragödie der Spaltung der beiden Reiche deutete sich hier bereits an. Hatte Absalom versucht, sich auf die israelitischen Stämme zu stützen, so sicherte sich der nächste

Thronbewerber, Davids Sohn Adonia, die Hilfe von zwei einflußreichen Persönlichkeiten des Staates: Ebjathars, des Priesters, und Joabs, des Oberbefehlshabers der Miliz (1. K. 1). Wieder andere Autoritäten bevorzugten Salomo, den Sohn von Davids Lieblingsfrau Bathseba. Ihr gelang es mit Unterstützung des Hofpropheten Nathan, des Söldnerführers Benaja und des Priesters Zadok, Salomo noch bei Lebzeiten Davids zum König salben zu lassen (1. K. 1, 32 ff.).

David unterschied sich grundlegend von allen, die vorher über Israeliten und Judäer regiert hatten: Von einem Charisma kann bei ihm kaum noch die Rede sein. An die Stelle des inneren Rufes oder der Geistesbesessenheit tritt bei David die geniale Persönlichkeit. Vom Bandenhäuptling und Stadthauptmann unter philistäischer Oberhoheit wird er zum Teilkönig über die Judäer und schließlich Herrscher von Juda und Israel. Die Aufmerksamkeit, die er der Lade schenkte und die Schaffung eines Kultzentrums in Jerusalem, sowie seine Erfolge über die Nachbarvölker ließen seine Untertanen ahnen, daß „JHWH mit ihm ist", und so wird David schließlich zum Paradigma und Sinnbild für alle folgenden Könige, aber auch zum Ahnherrn des Messias, der weltliche und religiöse Machtfülle in sich vereinigen soll.

9. Salomo (ca. 961—922)

Als David starb (ca. 961), begann Salomo seine Regierung mit der Entfernung derer, die einst seinem Bruder Adonia zum Throne verhelfen wollten: Joab wurde ermordet, der Priester Ebjathar auf sein Landgut Anatot verbannt und durch Zadok als Oberpriester ersetzt (1. K. 2. 26—35). Adonia war so unklug, sich Abisag aus Davids Harem zu erbitten. Salomo legte dieses Verlangen als verhüllten Anspruch auf den Thron aus und ließ seinen Halbbruder sofort hinrichten, obwohl sich Bathseba für ihn bei Salomo eingesetzt hatte (1. K. 2, 13—25).

Dem Sohn eines so genialen Vaters mußte es in jedem Falle schwer fallen, das Erbe zu bewahren, besonders aber dann, wenn er nicht über Fähigkeiten auf den gleichen Gebieten verfügte wie David.

Drei politische Ereignisse während Salomos Regierungszeit verdienen besondere Beachtung: Der teilweise Abfall Edoms (1. K. 11, 14 ff.), der Verlust von Damaskus[52]) (1. K. 11, 23—25) und der mißglückte Aufstand des Ephraimiten Jerobeam, eines höheren Staatsbeamten (1. K. 11, 26—28. 40), der nach Ägypten floh, einige Jahrzehnte später wieder in Palästina auftauchte und dann eine entscheidende Rolle in der israelitischen Geschichte spielte.

Im Laufe seiner Herrschaft gelang es Salomo, sein Reich zu hoher materieller Blüte zu bringen, und es im wesentlichen auch gegen feindliche Aggressionen zu schützen. Ein großes Heer diente ihm als Verteidigungsmacht. Die Ausgrabungen in Megiddo, einem Quartier der Streitwagentruppen, haben ergeben, daß sich dort allein etwa 450 Pferdeställe befanden.[53]) Da aber Megiddo nur einer unter vielen Streitwagenorten war (vgl. 1. K. 9, 15 ff.; 10, 26), könnte die Angabe zutreffen, daß Salomo über 1400 Streitwagen und 4000 Pferde verfügte (1. K. 5, 6), was eine ganz beträchtliche Militärmacht darstellt. Salomo ist auch als Bau- und Handelsherr in die Geschichte eingegangen. War die Regierung Davids entsprechend seiner Persönlichkeit dynamisch, so war die Salomos eher statisch. Mit den umliegenden Völkern trat er in Familien- und Handelsbeziehungen: Er heiratete eine ägyptische Prinzessin (1. K. 3, 1; 9, 16), vermutlich eine Tochter des ägyptischen Königs aus der 21. Dynastie; mit Hiram I. aus Tyrus (ca. 969—936) schloß er einen für die Bauvorhaben wichtigen Wirtschaftsvertrag (1. K. 5, 15—26). Es werden wahrscheinlich vor allem auch Handelsinteressen gewesen sein, die jene sagenhaft gewordene Königin

52) Der Aufstand der Aramäer gegen Salomo wurde nicht durch den von David besiegten König von Zobah unternommen, sondern von einem seiner Offiziere, Rezon, der in das „maquis" gegangen war und sich später zum König in Damaskus ausrufen ließ. Von nun an spielt nicht mehr das Königreich von Zobah, sondern das von Damaskus die Hauptrolle innerhalb der aramäischen Staatenwelt. Vgl. Dupont-Sommer, S. 29. Schmökel, S. 247 ff.

53) Vgl. Albright, ARI, S. 136; A. P., S. 124 f.

aus dem fernen Saba nach Jerusalem lockten (1. K. 10, 1—10. 13).

Mit Hiram gemeinsam gründete Salomo auch eine Handelsflotte, die sogar bis zum indischen Ozean kam, und mit dem gleichen Partner beutete er die Kupfervorkommen in Ezion-geber (am Nordende des Roten Meeres) aus,[54]) und beide ließen Gold aus Ophir[55]) holen (1. K. 9, 28; 10, 11).

Als Bauherr betätigte sich Salomo vor allem durch den Ausbau Jerusalems, wo er Palast und Tempel bauen ließ (1. K. 6, 1 ff.; 7, 13 ff.). Der Tempel wurde an der Stelle des heutigen islamischen „Felsendoms" errichtet, und das „Allerheiligste" erhob sich über der höchsten Erhebung des ganzen Palastgeländes. Der Bauentwurf entsprach der kanaanäisch-phönizischen Tempelbautradition;[56]) phönizische Handwerker nahmen an den Bauarbeiten teil (1. K. 5, 32). Die ungeheuren Kosten für diese Bauten und die relativ große Armee konnten durch den Ertrag von Handels- und Industrieunternehmungen nicht gedeckt werden. Daher nahm der König zur zwangsweisen Beschäftigung seiner Untertanen Zuflucht (1. K. 5, 13 ff.; 9, 15. 20—22). Er ließ ferner das Steuerwesen reorganisieren und teilte das Land in zwölf neue Bezirke ein, die an die Stelle der früheren Stammeseinheiten traten (1. K. 4, 7 ff.). Die neugeschaffenen Distrikte waren für die Versorgung des königlichen Hofes verantwortlich; jeder mußte einen Monat im Jahre den Hof beliefern (1. K. 4, 7). Neben der zweifellos vorhandenen materiellen Blüte, deren Gefahren sich dann allerdings sofort nach Salomos Tod zeigten, wird seine Regierungszeit auch

54) Glueck, The other Side of the Jordan, 1940, S. 84 ff., nimmt an, daß bereits David nach der Eroberung Edoms (2. Sam. 8, 13 f.) mit der Ausbeutung der Kupferminen begonnen, Salomo diese Tätigkeit aber intensiviert habe. Über Salomos Hafen Ezion-geber vgl. Glueck, S. 89 ff.

55) Die genaue Lage von „Ophir" ist nicht mehr bekannt. Vielleicht lag es im Somaliland an der afrikanischen Küste. Vgl. Albright, ARI, S. 133 f. Zu Salomos Wirtschaftsunternehmungen vgl. Albright, B. P., 27; ARI, S. 132 ff.

56) Vgl. Parrot, Der Tempel von Jerusalem — Golgatha u. das Heilige Grab, 1956; Wright, Biblical Archaeology, S. 129 ff.

durch einen kulturellen Aufschwung gekennzeichnet, der sich bereits bei Lebzeiten Davids angebahnt hatte; die Tradition bezeichnet David als Dichter und Musiker. Einzelheiten darüber sind heute freilich nicht mehr erkennbar. Während der Regierung Salomos erlebte die hebräische Prosa ihre klassische Zeit.

Zu Salomos Zeiten wurden wahrscheinlich die alten religiösen und geschichtlichen Traditionen literarisch fixiert und theologisch gedeutet, nachdem sie vorher jahrhundertelang mündlich weitergegeben worden waren. Hierbei handelt es sich vermutlich um das Werk des sogen. „Jahwisten" (von der Wissenschaft so bezeichnet, weil er den Gottesnamen JHWH verwendet).

Salomos Persönlichkeit zeichnete sich durch eine imponierende Großzügigkeit auf vielen Gebieten aus.[57]) Konservative Züge lagen ihm fern, das zeigt vor allem die Beseitigung der Stammesautonomie; die durch Salomo veranlaßte Neueinteilung der Distrikte wird wohl beim Volke Unwillen erregt haben, da sie zur besseren Erfassung der menschlichen Arbeitskraft und zur Steuererhebung diente. Nach Salomos Tode (922) brach der Konflikt offen aus, der sich vermutlich schon zu seinen Lebzeiten im Geheimen vorbereitet hatte.

10. Die getrennten Reiche Juda und Israel[58])

Salomos Sohn Rehabeam (922—915) scheint zunächst noch Aussicht gehabt zu haben, das Reich zusammenzuhalten. Als er sich nach Sichem, dem Zentrum des israelitischen Stammesgebietes begab, um dort auch von Israel

57) Die Polemik des deuteronomischen Königsgesetzes (Dt. 17, 14 ff.) scheint sich in einem Rückblick auf Salomo zu beziehen, denn „Rosse aus Ägypten" (1. K. 10, 28/Dt. 17, 26), „Schätze" (1. K. 10, 27/Dt. 17, 17b) und „Weiber" (1. K. 11, 1 ff./Dt. 17, 17a) werden auch für Salomos Reichtum als Beispiele aufgeführt, und gerade den übermäßigen Besitz dieser drei „Güter" lehnt das Dt. für einen König ab. Vgl. Buber, Der Glaube der Propheten, 1950, S. 123.

58) Wir folgen hier zwar der Chronologie Albrights (BASOR, 100, 1945, S. 16 ff.), doch ist auch das Werk von E. R. Thiele, The Mysterious Numbers of the Hebrew Kings (1954) zu berücksichtigen. Die neueste Literatur zur altorientalischen Chronologie findet man bei Schmökel, S. 325.

zum König ausgerufen zu werden, ließ sich Rehabeam jedoch auf keinerlei Verhandlungen ein, und so sagten sich die Nordstämme von Judas König los. Wie bei Davids Königswahl (2. Sam. 5, 3) wollten offenbar die Israeliten mit Rehabeam unterhandeln, um dann einen Bund mit ihm zu schließen. Sein brüskes, unkluges Verhalten besiegelte aber das Schicksal des jüdisch-israelitischen Einheitsreiches (1. K. 12, 1—19).

Aus 1. K. 12, 4.11 geht hervor, daß Salomo das Volk in beträchtlichem Maße ausgebeutet hatte, und bei dem Thronwechsel nach seinem Tode erwartete man von Rehabeam die Gewährung von Erleichterungen, wozu dieser sich aber nicht bereitfand.

Jerobeam, unmittelbar nach Salomos Tod aus dem ägyptischen Exil zurückgekehrt, wurde von den israelitischen Nordstämmen zum König gewählt;[59]) er residierte erst in Sichem (1. K. 12, 25), dann in Pnuel im Ostjordanland (vermutlich aus strategischen Erwägungen) und schließlich in Tirzah, einer alten kanaanäischen Stadt, die vielleicht noch nicht fest in das Stämmesystem eingegliedert war und deren Wahl zur Hauptstadt des Reiches Israel Eifersüchteleien unter den Nordstämmen ausschließen sollte. Aus ähnlichen Gründen hatte David seinerzeit Jerusalem zur Hauptstadt bestimmt.

Von weittragender religiöser Bedeutung war die Wiederbelebung der alten Heiligtümer in Dan und Bethel, in denen Jerobeam je einen Jungstier aufstellen ließ, wobei vielleicht die Vorstellung herrschte, daß JHWH unsichtbar auf dem Rücken des Kalbes thronte, gerade so wie JHWH's Herrlichkeit im Tempel von Jerusalem über den geflügelten Cheruben ihren königlichen Sitz hatte (1. K. 6, 23 ff.). Der Gedanke von der religiösen Symbolik des Kalbes findet sich bereits in der Mosezeit, er soll

59) Jerobeam (und nach ihm Baesa) verdanken ihre Wahl der Akklamation durch das Volk; hier hat sich noch ein Rest der alten israelitischen Vorstellung von der Königswahl erhalten, wohingegen in Juda diese Idee zwar in den Nachfolgestreitigkeiten z. Zt. Davids noch eine Rolle spielt, dann aber verschwindet. Vgl. Alt II, S. 120 f.

durch Aaron bei den Israeliten eingeführt worden sein (Ex. 32) und ist eine in Südwestasien weit verbreitete religiöse Vorstellung.[60]) Die Schaffung bzw. Neugründung von eigenen, den Nordstämmen vertrauten Heiligtümern war für Jerobeam eine politische Notwendigkeit, denn er konnte es nicht dulden, daß die Israeliten weiterhin den judäischen Jerusalemer Tempel aufsuchten, der schon durch seine Eigenschaft als Königskapelle eng mit der davidischen Dynastie verbunden war (1. K. 12, 26 ff.) und als bedeutendstes Heiligtum im Lande die politische Einheit des Reiches gefördert hatte.

Für die folgende Königszeit fließen unsere alttestamenlichen Quellen spärlich, denn es finden sich in der von deuteronomistischen Geschichtsschreibern gebotenen Auswahl in den beiden Königsbüchern vor allem die Aufeinanderfolge der Könige, eine Chronologie und auf den Tempel in Jerusalem sich beziehende Mitteilungen, nicht aber wesentliche Einzelheiten der politischen Geschichte. Die Persönlichkeiten der einzelnen Könige werden nicht nach ihren politischen Qualitäten beurteilt, sondern nach ihrer Stellung zum Jerusalemer Tempel. Es handelt sich daher im allgemeinen nur um eine recht monotone Aneinanderreihung von verwerfenden Urteilen. Die Verfasser dieser „Zensuren" waren sich im übrigen genau im klaren, daß sie nur unter einem ganz bestimmten Gesichtspunkt die Geschichte betrachteten, und sie verweisen daher jeweils ihre Leser auf die uns nicht erhaltenen Annalen der Könige von Juda und Israel; ob diese zur Zeit der deuteronomistischen „Historiker" allerdings überhaupt noch vorhanden waren, ist fraglich.

Das deuteronomistische Geschichtswerk setzt nicht erst in den Königsbüchern ein, es umfaßt auch das Deuteronomium. Die Bücher Josua, Richter und Samuel haben ebenfalls deuteronomistische Bearbeitungen erfahren. Das theologische Anliegen kommt freilich in den Königsbüchern besonders konzentriert zum Ausdruck. Für das Verständnis dieser Art von Geschichtsbetrachtung ist zu berücksichtigen, daß das deuteronomistische

60) Vgl. Albright, Steinz., S. 297 ff.; B. P., S. 31.

Gesamtwerk im babylonischen Exil, etwa um die Mitte des 6. Jahrhunderts entstanden ist, als man sich darüber Rechenschaft ablegen wollte, wie es zu den Katastrophen von 721 und 586 hatte kommen können. Der Epilog auf das Reich Israel (2. K. 17, 7 ff) kennzeichnet deutlich die Konzeption der deuteronomistischen Geschichtsschreiber: Das aber war geschehen, weil die Israeliten sich gegen JHWH ihren Gott versündigt hatten.

Die beiden getrennten Königreiche haben von nun an jedes seine eigene Geschichte; sie waren gelegentlich miteinander verbündet, oft aber auch einander feindlich gesinnt. Israel erreichte niemals eine wirkliche nationale Stabilität von einiger Dauer, und so verbanden sich in der Folge die verheißenen Hoffnungen und Ziele mit Juda.

Von der Spaltung des salomonischen Reiches zogen die Nachbarvölker den größten Nutzen. In Ägypten war Šošenq I. (935—914), im A. T. Šišaq genannt, der Gründer der 22. (lybischen) Dynastie, zur Regierung gelangt, der Ägypten nach langen Jahren der Agonie wieder festigte. Hatte er sich bereits mit der Asylgewährung an Jerobeam Jerusalem gegenüber wenig freundlich gezeigt, so griff er nun Rehabeam im 5. Jahre seiner Regierung (1. K. 14, 25 ff.) an,[61]) verschonte aber auch den einstigen Schützling Jerobeam nicht. Im ganzen wird es sich bei diesem Kriegszug vor allem darum gehandelt haben, den Nachbarstaaten die erstarkte Macht Ägyptens vor Augen zu führen und Tribut zu erhalten (1. K. 14, 26)

Der Bericht über den Einfall Šošenqs in 1. K. 14, 25—28 ist ein typisches Beispiel für das Interesse und die Arbeitsweise der deuteronomistischen Geschichtsschreiber. Sie berichten von diesem Kriegszug nur, weil der ägyptische König den Tempel geplündert hatte und Rehabeam statt der von Šošenq entführten goldenen Schilde kupferne hatte anfertigen lassen.

Die Liste der nun von Rehabeam befestigten Grenzstädte [61a]) (2. Chr. 11, 5 ff.) zeigt, wie sehr das judäische Gebiet an Ausdehnung verloren hatte.

---

61) Vgl. B. Mazar, Suppl. V. T., IV, 1957, S. 57 ff.

61a) Zu den Ausgrabungen von Lachiš und den dort entdeckten Befestigungsbauten vgl. O. Tufnell, Lachish III, 1953, S. 56 ff.; Wright, B. A. 18, 1, 1955, S. 10 f.

Aber nicht nur in Israel trat an Stelle eines mehr oder weniger reinen JHWH-Kultes ein religiöser Synkretismus, sondern auch in Juda gewannen derartige Tendenzen an Einfluß. Bereits in Salomos letzten Lebensjahren wurden durch dessen zahlreiche ausländische Frauen fremde Kulte in Jerusalem eingeführt (1. K. 11, 1—8), und Salomos Nachfolger, die oft dem JHWH-Kult nicht ergebene Mütter hatten, duldeten (und förderten?) diese fremden Kulte. Im übrigen mag es gerade für die durch Salomos Beziehungen zu Phönizien mit dessen Kultur in engeren Kontakt getretenen Reiche Israel-Juda schwer gewesen sein, sich den fremden Einflüssen und Kulten zu verschließen, die durch ihren Reichtum an Magie und Vegetationsmythen besonders für die Frauen (Amulette) mehr Anziehungskraft besaßen, als die schlichte Einfachheit der in der Wüste geborenen mosaischen Konzeption des einen, ohne jede Abbildung zu verehrenden Gottes.

In der Folgezeit kam es zwischen Israel und Juda dauernd zu Reibereien, die aber im allgemeinen das Ausmaß von Grenzstreitigkeiten nicht überschritten haben dürften (1. K. 14, 30; 15, 16). Abia (915—913) konnte seinem Reiche Juda das Gebiet von Benjamin einverleiben (2. Chr. 13, 3 ff.). Als dann Baesa von Israel Rama einnahm (1. K. 15, 17), rief Asa von Juda Benhadad von Damaskus (880—842) (Bar Hadad I., Sohn des Tab-Rimmon) gegen Israel zur Hilfe, so daß bei dem aramäischen Einfall nach Israel (ca. 875) dieses Gebiete in Transjordanien und auch etliche Ländereien in Westpalästina verlor (1. K. 15, 18ff.).

Durch die Tatsache des davidischen Königtums war eine stabile Thronfolgeordnung in Juda gesichert. Thronwirren spielten sich nur innerhalb der davidischen Dynastie ab. Der Staat Juda besaß ferner durch Jerusalem einen festen politischen und religiösen Mittelpunkt. Daher ist es nicht erstaunlich, daß wir bei den judäischen Königen mitunter lange Regierungszeiten finden: Asa 41 Jahre und Josaphat 25 Jahre. Im gleichen Zeitabschnitt (ca. 913 bis 850) regierten in Israel nicht weniger als sieben Könige, nämlich: 1. Jerobeam I.; 2. Nadab, Sohn Jerobeams, ermordet nach zwei Regierungsjahren; 3. Baesa, der Mörder des Nadab; 4. dessen Sohn Ela, der seinem Vater für zwei Jahre folgte und 5. von Simri ermordet wurde, der durch Selbstmord endete und nur sieben Tage sich des Königtums „erfreute"; schließlich 6. Omri und 7. Ahab. Die verschiedenen Thronprätendenten kamen teils durch Berufung seitens eines Propheten (Baesa, 1. K. 16, 2), durch Erbfolge (Nadab, Ela, Ahab) oder auf Grund von Usurpation (Simri, Omri) zur Macht.

Während Juda Jahrzehnte relativer Ruhe erlebte, herrschten in Israel ziemlich chaotische Verhältnisse, bis sich Omri (876—869) nach der Niederwerfung seines Rivalen Tibni des Thrones bemächtigte (1. K. 16, 22). Omri verlegte die Hauptstadt Israels nach einem auf einem Berge im Gebirge Ephraim gelegenen Orte (etwa 10 km nordwestl. von Sichem), den er Samaria nannte (1. K. 16, 24) (ca. 870). Diese Stadt blieb bis zum Ende des Reiches Israel (721) die Residenz der israelitischen Könige.[62]) Die archäologischen Grabungen ergaben, daß es sich bei der Stadt Samaria tatsächlich um eine Neugründung handelte und es vorher dort keine städtische Besiedlung gab. Diese Städtegründung geschah offenbar ganz bewußt in Nachahmung von Davids Unternehmen in Jerusalem und sollte dazu ein Gegenstück werden. Überhaupt erscheint Omri als einer der bedeutendsten israelitischen Könige, der es auch verstand, mit dem Bruderreiche Juda in gutem Einvernehmen zu bleiben. Um sich gegen die Angriffsgelüste Ben-Hadads von Aram[63]) zu stärken, trat Omri mit Phönizien in Verbindung und verheiratete seinen Sohn Ahab mit Isebel, der Tochter des sidonischen Königs Ittobaal von Tyrus (1. K. 16, 31). Die Verfasser des deuteronomistischen Königsbuches, die

62) Vgl. Alt II, S. 123 f. und vor allem: Alt, Der Stadtstaat Samaria, 1954, S. 5 ff.; ferner A. Parrot, Samarie, Capitale du Royaume d'Israêl, 1955.

63) Wie aus 1. K. 20, 34 hervorgeht, mußte Omri den Aramäern Handelsvorrechte in Samaria einräumen; in der Zeit Ahabs erhielt Israel dann ebenfalls die Möglichkeit, in Damaskus Bazare zu errichten.

Omri, wie überhaupt alle Herrscher Israels, des „schlimmsten Götzendienstes" beschuldigen, können nicht umhin, diesem doch auch „Stärke" nachzurühmen (1. K. 16, 27), da er die Moabiter tributpflichtig machte.[64]) Omris Bedeutung kommt auch dadurch zum Ausdruck, daß in der Folge das Reich Israel in den assyrischen Inschriften als „Bit-Humria", „Haus Omris", bezeichnet wird, selbst noch zu einer Zeit, als seine Dynastie längst nicht mehr regierte. Die letzte Erwähnung dieses Namens findet sich in einer Inschrift Sargons II., des Eroberers von Samaria auf einem Zylinder aus dem Jahre 713, neun Jahre nach dem Untergang des Reiches Israel!

Omris Sohn Ahab (869—850) hielt die freundschaftlichen Beziehungen zu Juda aufrecht und schloß mit dessen König Josaphat (873—849) einen Bund, der durch die Ehe zwischen Athalia, Tochter Ahabs, und Joram, dem Sohne Josaphats, gekrönt wurde (2. K. 8, 18)[65]). Gegen die Aramäer kämpfte Ahab wohl zunächst erfolgreich (vgl. 1. K. 20: Sieg über Ben-Hadad II., der in den assyrischen Inschriften Adad-idri genannt wird).

Die Zeit der Aramäerkriege benutzte Moab offenbar, um seine Tributzahlungen an Israel einzustellen.[66]) Von weit ausschlaggebenderer Bedeutung als die Streitigkeiten mit seinen Nachbarvölkern war für Israel das Auftauchen Assyriens in Palästina. Im Jahre 853 richtete Salmanassar III. (859—824) einen Angriff gegen die syrischen Staaten von Hamat und Damaskus. Diese suchten bei Israel und anderen kleinen Staaten Hilfe, und bei Qarqar, im Gebiet von Hamat, kam es zur Schlacht, an der sich Ahab mit 2000 Streitwagen und 10 000 Soldaten be-

---

64) Vgl. die Mešainschrift (835) Zeile 5: „Omri war König über Israel und hatte Moab viele Tage gedemütigt" (ANET, S. 320).

65) Josaphat versuchte übrigens die Schiffsfahrten nach Ophir wiederaufzunehmen, aber die Schiffe kenterten bereits in Ezion-geber (1. K. 22, 49).

66) Vgl. Mešainschr.Z. 6 f.: „Sein Sohn (gemeint ist Ahab) folgte ihm (Omri), und auch er (Ahab) sprach: Ich will Moab demütigen. In meinen Tagen sprach er, aber ich triumphierte über ihn und sein Haus; Israel ist für immer zugrundegegangen" (Anet, S. 320).

teiligte.[67]) Salmanassar rühmte sich zwar des Sieges über die Koalition der 11 Fürsten; aus uns unbekannten Gründen hatte jedoch dieser „Sieg" keine Folgen für die Unterlegenen. 848 entbrennt dann erneut der Kampf der Assyrer gegen die damalige syrische Föderation. Inzwischen war jedoch Ahab in einem Kriege zwischen Damaskus und Israel bei Ramoth-Gilead ums Leben gekommen, wobei Josaphat von Juda der Verbündete Israels gegen die Aramäer war. Die Aramäer schlugen Israel vernichtend, wurden aber wohl durch die assyrische Gefahr gehindert, Israel zu erobern.

Über die politische Situation zur Zeit Ahabs erfahren wir aus dem 1. Königsbuche wenig (nicht einmal die Schlacht von Qarqar ist dort erwähnt!), um so mehr aber über den religiösen Synkretismus. Durch die Heirat Ahabs mit der phönizischen Königstochter Isebel wurde der Melkart-Kult (im A. T. als Baals Kult bezeichnet) samt dem dazu gehörigen Kultpersonal nach Israel importiert; auch die kanaanäische Göttin Aᶝera (1. K. 18, 19) scheint verehrt worden zu sein. Daß fremdländische Königsfrauen ihre eigenen Götter verehren, ist seit Salomos Zeiten nichts Neues in Israel (1. K. 11, 1 ff.). Isebels Religion mag zwar nicht zum Staatskult erhoben worden sein, denn Ahabs Kinder tragen JHWH-haltige Namen, gleichwohl war eine Trennung zwischen den verschiedenen Kulten schwer durchzuführen — Ahab selbst huldigte dem Melkart (1. K. 16, 31) —, und Isebel, eine sehr dynamische Persönlichkeit, dürfte eine Schmälerung ihrer Rechte nicht zugelassen haben.

Die Ausübung des Melkart-Kultes beschränkte sich übrigens nicht auf Phönizien und Israel, sondern Melkart wurde auch in Damaskus verehrt, wo Bar-Hadad I. ihm um 885 eine Stele weihte. Vgl. Dupont-Sommer, S. 33; 114; Parrot, Samarie, S. 16.

Der Einbruch des Baalsdienstes in Israel bedeutete eine

---

67) ANET, S. 278 f.; TGI, S. 45 f., A. Parrot, Bibel und Archäologie I, Ninive u. das Alte Testament, 1955, S. 126 f.

Wiederbelebung des kanaanäischen Geistes,[68]) dem — in weit geringerem Maße allerdings — bereits Jerobeam durch die Kultbilder in Dan und Bethel den Weg geebnet hatte. Diese Renaissance Kanaans zuungunsten JHWH's rief einen Mann auf den Plan, der zum erbittertsten Feinde Ahabs wurde: Elia aus Gilead. Er gehörte zum Typus der ekstatischen Propheten, wie sie bereits seit den Zeiten Sauls auftraten; zu ihnen kann man Ahija aus Silo 1. K. 11, 29 ff.), den Gegner Jerobeams, sowie Jehu ben Hanani rechnen (1. K. 16, 1—4). Von den in Juda wirkenden Šemaia und Asaria kennen wir nur die Namen. Die geistige Konzeption des Elia: JHWH-Kult in Verbindung mit der moralischen Forderung kommt durch die Weinbergsgeschichte des Nabot (1. K. 21) zum Ausdruck und Elias Eifer für JHWH durch das sogen. „Gottesurteil auf dem Karmel“ (1. K. 18, 17—46).[69])

Bei den Geschichten von Elia und seinem Jünger Elisa handelt es sich um typische Beispiele für die literarische Gattung der Legende, deren religionsgeschichtlicher Gehalt klar zu bestimmen ist: Kampf der JHWH-Religion gegen den kanaanäischen Baal.

Nach Ahabs Tod (850) gelang es König Meša von Moab, das israelitische Joch völlig abzuschütteln (s. S. 49 Anm. 66). Auf Ahab folgten seine beiden Söhne Ahasja (der nur zwei Jahre regierte) und Joram (849—842). Dieser wurde durch den Armeeoffizier Jehu (842—815) getötet, der die gesamte omridische Dynastie (2. K. 9, 1—10; 11) und mit ihr die Priester des Baal (2. K. 10, 18 ff.) ausrottete. Über diese Revolution wird uns im

---

68) Ahab stattete seinen Königspalast mit allen Gütern der kanaanäischen Kultur aus. Die Motive der Elfenbeinschnitzereien des sogen. „Elfenbeinhauses“ (1. K. 22, 39) stammen allerdings aus Ägypten sowie dem minoisch-mykenischen Kulturkreis. Vgl. Alt, Der Stadtstaat Samaria, S. 23 f. In dieser Arbeit bietet Alt eine glänzende Darstellung der historischen, religiösen und kulturgeschichtlichen Verhältnisse der Omridenzeit. Vgl. ferner Parrot, Samarie, S. 38 ff. sowie zu den Elfenbeinschnitzereien auch Jirku, Ausgrabungen in Palästina u. Syrien, 1956, S. 61.

69) Vgl. dazu Alt II, S. 135 ff.: Der Stadtstaat Samaria, 1954, S. 30 ff.; K. Galling, Geschichte u. A. T. (Festschr. für A. Alt), 1953, S. 105 ff.; Albright, ARI, S. 156; 229 sowie die dort zitierte Literatur.

2. Königsbuche eingehend berichtet. Es handelt sich nicht allein um eine innenpolitische Machtveränderung, sondern um den Kampf zweier Weltanschauungen: JHWH gegen Baal-Melkart; daher wirkte Jehu auch zusammen mit Elias Nachfolger, dem Propheten Elisa, der Jehu vermutlich zur Aktion getrieben hatte (2. K. 9, 5 ff.). Die Kultbilder in Dan und Bethel tastete Jehu jedoch nicht an; offenbar waren sie bereits ein enger Bestandteil des dortigen JHWH-Kultes jener Zeit geworden (2. K. 10, 29). Bei seiner Revolution erhielt Jehu außer von den Prophetenkreisen des Elisa Unterstützung durch das Militär (2. K. 9, 13) sowie von den Rechabiten (2. K. 10, 15 f.), einer Gruppe, die in ihrer Lebensweise das nomadische Ideal verwirklichen wollte (Jer. 35, 1 ff.) und gegen die städtische Zivilisation mit ihren kultischen Verirrungen protestierte. Wegen der dramatischen Schilderung der Revolution des Jehu durch die Verfasser des 2. Königsbuches könnte man versucht sein, Jehus Persönlichkeit und seine Herrscherqualitäten zu überschätzen. Außenpolitisch und militärisch erwies er sich aber als recht unfähig (2. K. 10, 32 f.). Die relativ freundlichen Beziehungen zwischen Juda und Israel während der Zeit der Omriden wurden durch die Ermordung des Ahasja, des Königs von Juda, zerstört. Ahasja war Joram von Israel gegen den aufständischen Heeresobersten Jehu zu Hilfe geeilt und von diesem getötet worden (2. K. 9, 27 f.). Assur gegenüber wurde Jehu tributpflichtig (841)[70]. Die guten Beziehungen zu Phönizien erfuhren durch die Ermordung der phönizischen Prinzessin Isebel und durch die Ausrottung des tyrischen Staatskultes des Baal-Melkart gewiß auch eine Trübung.

In Juda bemächtigte sich, nach der Ermordung Ahasjas durch Jehu, die Königsmutter Athalja des Thrones (ca.

70) ANET, S. 281; E. Michel, Die Welt des Orients, 1949, S. 267 f.; 1954, S. 39; 1955, S. 141: „(Als) Abgabe des Jehu von Bit Humri empfing ich: Silber, Gold, eine Schale aus Gold, Schöpfeimer aus Gold, Zinn, ein Szepter für die Hand des Königs (und) Waffen (?)". Diese Inschrift findet sich auf dem schwarzen Obelisken, der in Kalach entdeckt wurde. Vgl. dazu Parrot, S. 128 f.; Wright, Biblical Archaeology, S. 156.

842—837). Sie war eine Tochter Ahabs, also auch aus dem Geschlechte der Omriden. Athalja regierte sechs Jahre, nachdem sie vorher versucht hatte, das davidische Geschlecht gründlich auszurotten (2. K. 11, 7). Nur der kleine Joas (ca. 837—800), ein Sohn des letzten davidischen Königs, Ahasja, wurde vor Athalja versteckt und nach ihrer Ermordung durch den Oberpriester Jojada zum König ausgerufen (2. K. 11, 19). Jojada reinigte dann auch Juda von phönizischen Einflüssen; durch Athalja war auch hier der Melkart-Baal-Kult eingeführt worden, für dessen Ausübung in Jerusalem ein eigener Tempel mit Priestern zur Verfügung stand (2. K. 11, 18), während der JHWH-Kult zwar nicht eliminiert, aber offenbar in den Hintergrund gedrängt worden war, was sich daraus ergibt, daß der JHWH-Tempel recht verwahrlost gewesen zu sein scheint (2. K. 12, 6; 2. Chr. 24, 4. 7).

Bevor nun Assyrien für die nächsten Jahrzehnte die Geschicke Israels und Judas bestimmte, hatten ständige Auseinandersetzungen mit den Aramäern stattgefunden. Auf dem Königsthron in Damaskus saß jetzt Hasael (El schaut),[71]) der etwa gleichzeitig mit Jehu ebenfalls durch Usurpation die Herrschaft angetreten hatte, ein gefährlicher und erfolgreicher Gegner Israels war und Jehu ganz Transjordanien abnahm (2. K. 10, 32 f.).[72])

Unter Jehus Sohn Joahas (815—801) dauerte die aramäische Bedrohung an (2. K. 13, 22). So wie Israel wurde auch Juda von Hasael bedrängt, und Juda erwies sich gegen die Aramäer ebenso hilflos. Einer Einnahme Jerusalems entging Joas von Juda nur durch eine erhebliche

71) Der kanaanäische Gott El wurde neben anderen Göttern (vor allem Hadad) auch in Damaskus verehrt. Vgl. das theophore Element El im dem Namen des Syrers (?) Tab-el (El ist gut, Jes. 7, 6), sowie die Namen der syrischen Könige Mati-el von Arpad (ca. 780—750) und Dadel von Katka (um 750). Zum letztgenannten vgl. die Annalen Tiglatpilesers III, Zeile 152, ed. Rost, 1892, S. 26.

72) Die entscheidenden Feldzüge des Hasael gegen Israel fanden erst nach 838 statt, da etwa zu diesem Zeitpunkt Salmanassar III. das letzte Mal gegen Damaskus einschritt. Vgl. Noth, S. 227.

Tributzahlung, indem er „alles Gold, das sich in den Schatzkammern in Tempel und Palast befand", ablieferte (2. K. 12, 18). Israel stand in so starker Abhängigkeit von Damaskus, daß Hasael sogar die Reduktion der israelitischen Streitkräfte auf ein Minimum verlangen konnte: „50 Reiter, zehn Streitwagen, 10 000 Mann Fußvolk" (2. K. 13, 7). Israels Geschick nahm erst eine günstigere Wendung, als im Jahre 805 der junge assyrische König Adad-nirari III. (809—782) Aram tributpflichtig machte, und Joas von Israel (801—786) die Schwäche von Damaskus ausnutzte, um das vorher verlorengegangene Gebiet Israel wieder einzuverleiben (2. K. 13, 25). Ebenso konnte Amazja von Juda (800—783), der Nachfolger des um 800 ermordeten Joas,[73]) das früher von Juda abgefallene Edom zurückgewinnen (2. K. 14, 7).

Später kommt es zwischen Juda und Israel zu einem merkwürdigen Zwischenfall. Amazja von Juda fordert, offenbar durch seinen Erfolg gegen Edom übermütig geworden, Joas von Israel zum Kampfe heraus. Dieser warnt den Judäer vor den Folgen. Doch es kommt zum Kriege, der für Juda katastrophal endet: Die Israeliten erobern Jerusalem, plündern den Tempel, schleifen die Befestigungen und nehmen den König Amazja gefangen (2. K. 14, 12 ff.). Das judäische Volk setzte offenbar den Amazja während seiner Gefangenschaft ab und erhob dessen 16jährigen Sohn Asarja (Ussia) (ca. 783—742) auf den Thron (also noch zu Lebzeiten des Amazja, der nach seiner Heimkehr aus der Gefangenschaft dann in Juda ermordet wurde).[74])

---

73) Joas war offenbar aus Unzufriedenheit mit seiner „Appeasment-Politik" den Aramäern gegenüber ermordet worden. Ihm wird übrigens aus der späteren Sicht der deuteronomistischen Bearbeiter der Königsbücher der Vorwurf gemacht, daß er die Höhenheiligtümer nicht abgeschafft habe, (2. K. 12, 3), aber zu Joas Zeiten galt der von den Kanaanäern übernommene Dienst auf den Bamot(Höhen) noch als legitim. Vgl. zu diesen „Höhenheiligtümern" Vincent, R. B. 55, 1948, S. 245 ff.; Barrois, Manuel d'Arch. Bibl. II, 1953, S. 345 ff. (mit Abbildungen); Albright, Suppl. V. T. 4, 1957, S. 242 ff.

74) Vgl. Auerbach II, S. 84; E. R. Thiele, The Mysterious Numbers of the Hebrew Kings, 1954, S. 72 f.

Während der Regierung des Ussia von Juda und des Jerobeam II. (786—746) von Israel erleben beide Staaten noch einmal eine kurze Blüte. Jerobeam II. wird sogar (wie früher Omri) von den deuteronomistischen Bearbeitern der Königsbücher „Stärke" zuerkannt (2. K. 14, 28), obzwar sie mit seinem religiösen Verhalten ebensowenig zufrieden sind wie mit dem der meisten Könige von Israel und Juda. Wir erfahren von einem Propheten Jona ben Amittai, der Jerobeam II. seine zahlreichen Eroberungen vorausgesagt haben soll (2. K. 14, 25). In der Tat gelingt es Jerobeam, Israel zum mächtigsten Staat im syrisch-palästinensischen Raume zu machen. Summarisch heißt es, daß er das Gebiet von Israel wiederhergestellt habe „von Hamat bis zum Steppenmeer" (Toten Meer) (2. K. 14, 25). Jerobeam II. hatte also im Norden das dem davidisch-salomonischen Reiche zugehörige Gebiet wieder für Israel erworben. Archäologische Grabungen erweisen, daß zur Zeit des Jerobeam II. Samaria weiter befestigt wurde. Die Assyrer brauchten dann später immerhin drei Jahre (724—721) um die Stadt einzunehmen.

Die politische Erstarkung Israels hatte einen raschen wirtschaftlichen Aufstieg zur Folge, aber dadurch auch starke soziale Gegensätze innerhalb der Bevölkerung, ferner ein Sinken der Moral durch die Anhäufung von Reichtum in den Händen einiger weniger.[75]) Die Propheten Amos von Juda und Hosea von Israel geißeln die religiösen und sozialen Mißstände dieser Zeit. Aus den Ostraca von Samaria geht hervor, daß eine Anzahl israelitischer Personennamen mit dem Element „Baal" gebildet wurden; so ist — vermutlich vor allem innerhalb der Oberschicht — das Kanaanäertum wieder stärker betont worden.[75a]) (Allerdings ist es auch möglich, daß JHWH noch in jener Zeit einfach mit Baal identifiziert wurde.) Für die Propheten ist es selbstverständlich, daß sowohl der Abfall von JHWH, der sich bereits in der Duldung fremder Kulte

75) Vgl. Baron I, S. 68 ff.

75a) ANET, S. 321; TGI, S. 50; Parrot, Samarie, S. 54 ff.; Wright, Biblical Archaeology, S. 158.

äußert, als auch ein Leben in Ungerechtigkeit und Luxus, Unheil nach sich ziehen muß. Mit Amos und Hosea treten die ersten uns bekannten Schriftpropheten hervor. Sie rechnen sich nicht mehr zur Gilde der ekstatischen Propheten vom Typus eines Elia oder Elisa (Am. 7, 14 f.). Amos und Hosea sind erfüllt von einem Berufungsbewußtsein und dem Bestreben, dem Volk den Weg zu weisen nach der Weisung JHWH's. Sie drohen ihrem Volke den Untergang als Folge seiner Verfehlung an. Der offizielle Kult gilt ihnen wenig, denn er ist meist in der Hand jener, denen die sittlichen Forderungen JHWH's nicht viel bedeuten (Am. 4, 4 f., 5, 21 ff.).

Amos wirft den Reichen Gewalt (2, 7; 3, 10), Genußsucht und Schlemmerei (6, 4 ff.) vor, den Frauen (er nennt sie „Bašanskühe"!) Unterdrückung der Armen (4, 1) (vgl. Jes. 3, 16 ff.). Der Gerechte wird bedrückt, dem Armen wird im Gericht nicht sein Recht zuteil (5, 12). Statt dessen fordert der Prophet (5, 14a. 15a):

„Suchet das Gute und nicht das Böse, damit ihr lebt! ...
Hasset das Böse, liebet das Gute
und schaffet dem Recht eine Stätte im Tor!" ...

Hosea nimmt, zum Unterschied zu Amos, die Überlieferung des zwischen JHWH und Israel geschlossenen und in der Thora niedergelegten Bundes nachdrücklich auf. Der Bundesbruch erscheint Hosea im Bilde des Ehebruchs.[76])

Juda wurde durch die gleichen äußeren Umstände wie Israel begünstigt: durch die zwischen den syrischen Staaten herrschenden Streitigkeiten und durch die Nichteinmischung Assurs in Palästina. Während der 42 Jahre dauernden Regierung des Ussia erreichte Juda noch einmal einen Machtaufschwung (Jes. 2, 7). Gath und Ašdod, die beiden Philisterstädte, wurden in Abhängigkeit gebracht (2. Chr. 26, 6 f.) und die Karawanenstraße in der edo-

---

76) Vgl. Buber, Der Glaube der Propheten, 1950, S. 169 f.; G. Fohrer, Th. R. 19, 1951, S. 277 ff.; 20, 1952, S. 193 ff.; 295 ff., H. W. Wolff, Ev. Theol. 15, H. 10, 1955, S. 446 ff.; E. Voegelin, Israel and Revelation, 1956, S. 428 ff.; Rowley, JSS, I, 4, 1956, S. 338 ff. sowie ders. The Faith of Israel, 1956, S. 37 ff., 95 ff.; 126 ff.; C. Kuhl, Israels Propheten, 1956,

mitischen Wüste wiederum gesichert. Auch in Jerusalem entstanden wieder Bauten, und es fand eine Reorganisation des Heeres statt. Die archäologischen Grabungen erweisen die Richtigkeit der alttestamentlichen Notizen über die Bautätigkeit im Hafen Elath am Roten Meer (2. K. 14, 22; 2. Chr. 26, 2). Durch diesen Hafen erhielt Juda Anschluß an den arabischen Handel, wobei Ussia im Austausch für andere Güter Kupfer aus den Minen des Wadi Arabah lieferte. Juda konnte sich des Besitzes von Edom — und damit des wichtigen Hafen Elath — etwa zwei Generationen erfreuen; unter Ahas ging Edom wieder verloren (2. K. 16, 6). Als Ussia an Lepra erkrankte (etwa 750), übernahm sein Sohn Jotam die Regentschaft (ca. 750—742 Regent; ca. 742—735 König).

Nach dem Tode Jerobeams II. (ca. 746) verlor Israel durch Thronwirren an Bedeutung. Jerobeams Sohn Sacharja regierte nur 6 Monate und wurde durch Šallum ermordet. Dieser wird einen Monat später durch Menahem (745—738) seines Thrones beraubt (2. K. 15, 18 ff.). Von Menahem wird berichtet (2. K. 15, 19 f.), daß er dem Assyrerkönig Tiglatpileser III. (745—727), der im A.T. mit seinem babylonischen Thronnamen Phul genannt wird, tributpflichtig geworden sei und ihm Tausend Talente Silber zahlen mußte (738), das sind drei Millionen Schekel, also ein unerhört schwerer Tribut! Die Tatsache dieser Tributzahlung ist auch in den Annalen Tiglatpilesers vermerkt.[77] Menahem erhob die Summe bei den heerbannpflichtigen freien Grundbesitzern. Diese Tributzahlung mag Menahem nicht ungelegen gekommen sein, denn er hoffte, in Tiglatpileser eine Stütze für den usurpierten Thron zu finden (2. K. 15, 19b). Der Assyrerkönig hatte in Syrien nur noch kleine Reststaaten übriggelassen, die er zu Tributzahlungen verpflichtete. Unter den Königen dieser verschonten Staaten werden in den assyri-

77) Vgl. ANET, S. 283 f.; Parrot S. 131; vgl. auch H. W. F. Saggs, Iraq, 17, 1955, S. 146 ff., der einen Überblick über die politische Geschichte Palästinas von 743—712 auf Grund von assyrischen Annaleninschriften bietet; vgl. ferner Schmökel, S. 261 ff.

schen Inschriften auch Menahem von Samaria und Rezon von Damaskus genannt. Daß die Unterwürfigkeit des Menahem gegenüber Assyrien nicht einhellig in Israel begrüßt worden ist, zeigen Anspielungen des Propheten Hosea (7, 11; 8, 9; 12, 2; 14, 4). Vermutlich stand die Ermordung von Menahems Sohn Pekahja nach nur zwei Regierungsjahren (ca. 738—737) auch im Zusammenhang mit seiner Anerkennung der assyrischen Oberhoheit. Sein Mörder Pekah, ein Offizier, übernahm dann die Herrschaft (737 bis 732). Zu seiner Regierungszeit kam es zu einer Koalition zwischen Israel und Damaskus, der sich auch Juda anschließen sollte. Dort regierte Jotams Sohn Ahas (ca. 735—715), sein voller Name lautete: Jehoahas. Er war jedoch nicht bereit, sich an einem Aufstand der Nachbarstaaten gegen Assyrien zu beteiligen.[78]) Um Juda zum Anschluß an die Koalition zu zwingen, kam es zum sogen. syrisch-ephraimitischen Kriege (Damaskus und Israel gegen Juda). Pekah von Israel und Rezon von Damaskus rückten bereits gegen Jerusalem an (733) — sie brachten gleich einen Regenten namens Tab-el (vermutlich ein Syrer) mit, der Ahas ersetzen sollte — als sich dieser gegen den Rat des Propheten Jesaja (7, 1 ff.) an den Assyrerkönig um Hilfe wandte (2. K. 16, 7 ff.). Tiglatpileser erschien auch bald; vermutlich hätte er sich auch ohne das Hilfegesuch des Ahas in Kürze gegen Damaskus und Israel gewandt! Im Jahre 732 wurde Damaskus durch die Assyrer erstürmt, und Aram in vier assyrische Provinzen aufgeteilt. Noch vor dem Fall von Damaskus wurde über Israel das Strafgericht vollzogen, indem es nicht mehr als das Hügelland des westlichen Manasse und Ephraim behalten durfte. Die übrigen Gebiete des Landes gliederte Tiglatpileser dem assyrischen Reiche an, und so entstanden die drei assyrischen Provinzen Megiddo, Dor, Gilead. Die Oberschicht der Bevölkerung ließ der assy-

78) Tiglatpileser war um 734 mit der Unterwerfung Philistäas beschäftigt und hatte an der Grenze gegen Ägypten einen Stützpunkt errichtet, vgl. ANET, S. 282, wo auch der Tribut des Ahas erwähnt wird.

rische König nach Assur deportieren (2. K. 15, 29), womit aber kaum die Hauptstadt des großassyrischen Reiches gemeint ist; es handelt sich bei dem betreffenden Vers (29) um eine unbestimmte Angabe, daß die Israeliten „irgend wohin" in das assyrische Reich gekommen seien. Der König Pekah wurde von einem Mann namens Hosea ermordet (2. K. 15, 30), der sich dann selbst zum König machte und den Tiglatpileser nach einer Tributzahlung als Vasallenkönig bestätigte.[79])

Das syrisch-palästinensische Gebiet war jetzt vollkommen von der assyrischen Oberherrschaft abhängig; es gab teils Staaten mit tributzahlenden Vasallenkönigen (z. B. Ahas von Juda und Hosea von Israel), teils von Präfekten verwaltete assyrische Provinzen (arabische Staaten, Damaskus u.a.).

Ahas von Juda, der auf politischem Gebiet in der Anpassung an das vielleicht Notwendige etwas zuviel getan hatte, indem er Tiglatpileser gegen Israel und Damaskus zu Hilfe rief, zeigte auch auf religiösem Gebiete einen merkwürdigen Anpassungseifer: So führte er seinen Sohn durch das Feuer (2. K. 16, 3), d. h. er brachte ihn dem Gotte Muluk (Septuaginta: Moloch) zum Opfer (vgl. 2. K. 17, 31).[80]) Anläßlich eines Besuches in Damaskus, bei dem er vermutlich den Tribut an Tiglatpileser persönlich überbrachte, gefiel Ahas dort ein Altar des Gottes Hadad so sehr, daß Ahas dem Priester Urija befahl, dieses Modell auch in Jerusalem nachzubilden (2. K. 16, 10 ff.). Die während der Regierungszeit des Ahas am JHWH-Tempel vorgenommenen Umbauten mögen auf Veranlassung des assyrischen Königs vorgenommen worden sein (2. K. 16, 18b), um den judäischen Staatskult zugunsten des assyrischen in den Hintergrund zu drängen, da Ahas Vasall Assyriens war.

Hosea von Israel zahlte zunächst seinen Tribut an Salmanassar V. (726—722), den Nachfolger des Tiglatpi-

79) Vgl. ANET, S. 284: (Tiglatpileser berichtet): „Ich setzte Hosea als König über sie!"

80) Vgl. Albright, ARI, S. 162 ff. und die dort zitierte Literatur.

leser III., möglicherweise allerdings erst, als Salmanassar sich die Abgaben in Samaria abholte (2. K. 17, 3). Bald darauf erfuhr der assyrische König jedoch, daß Hosea mit Ägypten gegen Assur konspirierte. Ägypten war zu jener Zeit wegen seiner Aufgespaltenheit in Stadtkönigtümer ziemlich ohnmächtig.[81]) Kaum, daß Salmanassar Samaria den Rücken gekehrt hatte, kam es dort zu einer offenen Auflehnung. Es gelang den Assyrern, König Hosea zu verhaften (2. K. 17, 4). Eine assyrische Truppe begann nun, die Stadt Samaria zu belagern (724), und drei Jahre später, also im Jahre 721, fiel sie in assyrische Hand. Salmanassar war inzwischen gestorben, und Sargon II. (722 bis 705) trat die Nachfolge an. In seinen Annalen[82]) erwähnt er kurz die Eroberung Samarias: „Samaria belagerte und eroberte ich. 27 290 Leute, die darin wohnten, führte ich fort. ...“ Die noch übrig gebliebene Herrenschicht wurde deportiert; sie kam nach Mesopotamien und Medien (2. K. 17, 6); an ihrer Stelle siedelte Sargon II. Leute aus der Hauptstadt Babylons, aus Kuta und aus Hamat an (2. K. 17, 24). Darüber berichtet er in den Annalen: „Leute der Länder, Kriegsgefangene meiner Hände in ihr (gemeint ist Samaria), ließ ich wohnen. Meine Beamten setzte ich als Statthalter über sie und Abgabe und Tribut ... legte ich ihnen auf.“

Die neuen Kolonisten führten zwar ihre eigenen Kulte in Samaria ein, aber JHWH wurde von ihnen als Landesgott ebenfalls verehrt. Daher forderten die Siedler vom Assyrerkönig Sargon einen JHWH-Priester an, der dann auch nach Bethel zurückkehrte, um dort seinen Dienst zu versehen (2. K. 17, 25 ff.). Mit der Deportation der Israeliten und der Neubesiedlung Samarias war das Ende des Reiches Israel gekommen. Die Deportierten assimilierten sich in ihren neuen Wohnstätten. Die verschiedenen nach Samaria gebrachten Völkerschaften waren assyrische Un-

81) Der in 2. K. 17, 4 genannte ägyptische (Stadt-)König war vermutlich Siwe, das A. T. nennt ihn So.

82) Vgl. ANET, S. 284 f.; TGI, S. 53 f.; Parrot, S. 135 ff.

tertanen (2. K. 17, 29 ff.), denen sich die im Lande gebliebenen Israeliten (denn das ganze Volk wurde nicht deportiert), mehr oder weniger schnell anschlossen. Das Reich Israel verschwand nach 721 aus der Geschichte.

Die Herrschaft Assyriens im vorderen Orient war zu jener Zeit unbestritten; der Prophet Jesaja (10, 8. 9. 13b. 14) legte dem assyrischen König folgende Worte in den Mund:

„Sind nicht meine Offiziere allzumal Könige,
ist nicht wie Karkemisch Kalno,
ist nicht wie Arpad Hamat?
Ist nicht wie Damaskus auch Samaria?" (d. h. hat nicht Samaria das Schicksal von Damaskus erlitten?)
... „Und ich ‚verrückte' die Grenzen der Völker,
und ihre Schätze habe ich geplündert.
Und ich ‚stieß hinab' in den ‚Staub' die Thronenden.
Und es greift wie nach dem Nest
meine Hand nach dem Reichtum der Völker,
und wie man sammelt verlassene Eier,
so habe ich eingesteckt die ganze Erde,
da gab's kein Flügelschlagen,
und keiner sperrte den Schnabel auf und zirpte."

11. Das Reich Juda bis zur Tempelzerstörung durch die Babylonier

Zeitgenosse des Hosea von Israel war Ahas von Juda, der sich, wie oben erwähnt, aus der anti-assyrischen Koalition herausgehalten hatte.[83]) Sein Sohn Hiskia (ca. 715—687) folgte ihm auf dem Thron. Dieser scheint sich Assyrien gegenüber zunächst nicht offen feindlich gezeigt zu haben, doch verließ er die unterwürfige Politik seines Vaters Ahas und prüfte vorsichtig die Möglichkeiten einer Auflehnung gegen Assyrien. Als Partner einer solchen Politik kamen in erster Linie die südlichen bzw. südwestlichen Nachbarstaaten in Frage: die Philisterstaaten, Edom und vor allem Ägypten. Dort bestieg 711 Šabaka

83) Während der Regierung Ahas ging für Juda der Hafen Elath endgültig verloren (2. K. 16, 6). Edom konnte diesen wichtigen Hafen bis zum Ende des edomitischen Königreiches im 6. Jahrhundert behalten.

als erster König der äthiopischen 21. Dynastie den Thron. Von nun an steht Ägypten meist im Hintergrund aller judäischen Verschwörungsversuche gegen Assyrien. Diese enden für die daran direkt beteiligten Staaten negativ: Ašdod, das sich am meisten dabei exponiert hatte, wird als assyrische Provinz dem Großreich eingegliedert: Juda konnte sich vermutlich noch rechtzeitig vom Aufstand zurückziehen. Aus dem Buche Jesaja erhalten wir ein interessantes Zeitgemälde: Die äthiopischen Boten kommen nach Jerusalem offenbar, um Juda in eine antiassyrische Koalition hineinzuziehen (Jes. 18, 1—6); der Prophet Jesaja rät, nicht auf die ägyptisch-äthiopische Hilfe zu vertrauen (Jes. 20, 1—6). Im Falle Ašdods blieb diese tatsächlich aus. Der ägyptische König hatte den in Ägypten Asyl suchenden Fürsten von Ašdod sogar an die Assyrer ausgeliefert!

In Juda unternahm der König Hiskia wahrscheinlich bald nach seinem Regierungsantritt eine religiöse Reform. Vielleicht entschloß er sich unter dem Einfluß prophetischer Kreise (Micha, Jesaja) angesichts des Unterganges des Reiches Israel zu dieser religiösen Wendung. Dazu kam, daß eine politische Neuorientierung nach außen eine Stärkung des eigenen judäischen Kultes, also Wiederherstellung des reinen JHWH-Dienstes, zur Folge hatte. Wie weit die Vernichtung der Höhenheiligtümer durchgeführt werden konnte, ist unklar; das Volk war wohl nur schwer dazu zu bewegen, diese alten, für den Volkskult ehrwürdigen Orte plötzlich zu verlassen. Von allzu großen Skrupeln gegenüber alten Traditionen kann Hiskia jedoch nicht geplagt gewesen sein, denn er ließ sogar die angeblich aus der Mose-Zeit stammende eherne Schlange zertrümmern (vgl. Num. 21, 4—9), weil ihr ein offenbar bereits sehr alter Kult geweiht war (2. K. 18, 4). Der judäische König soll sogar Sendschreiben an die in Ephraim und Manasse gebliebenen Israeliten verschickt haben, mit denen er sie einlud, sich am Tempelkult in Jerusalem zu beteiligen (2. Chr. 30, 1 ff.), allerdings hatte diese missionarische Tätigkeit keinen großen Erfolg

(2. Chr. 30, 10 f.), zumal, wie bereits erwähnt, die Bevölkerung des einstigen Reiches Israel vom assyrischen König einen eigenen Tempel in Bethel zugestanden erhielt (2. K. 17, 27 f.), und die Aufforderung des Hiskia vermutlich auch einen politischen Aspekt hatte, der den assyrischen Behörden in Samaria kaum entgangen sein dürfte. Nachdem Hiskia sämtliche ihm nicht genehmen religiösen Einrichtungen (einschließlich assyrischer Kultsymbole) aus dem Tempel entfernt hatte, war es nur noch eine Frage der Zeit, wann er versuchen würde, auch die politische Abhängigkeit zu beenden. Im Alten Orient hatte die politische Oberherrschaft die Aufnahme des offiziellen Staatskultes der Siegermacht (neben den eigenen heimischen Kulten der Besiegten) zur Folge. So konnte die Abschaffung des assyrischen Staatskultes nur das erste Zeichen eines politischen Stellungswechsels bedeuten.

Hiskias erste Regierungszeit zeichnete sich durch einen wirtschaftlichen Aufstieg und, damit zusammenhängend, durch vermehrte Bautätigkeit aus[84]) (2. Chr. 37, 27 ff.). Militärische Erwägungen (um Jerusalem bei einer Belagerung ausreichend mit Wasser versorgen zu können), bewogen Hiskia einen neuen Kanal bauen zu lassen (2. K. 20, 20); die Siloa-Inschrift[85]) zeugt noch heute von diesem Unternehmen.

Zu Lebzeiten Sargons II. beteiligte sich Juda — jedenfalls nicht offen — an keinem Aufstand gegen Assyrien. Aber im Jahre 705 änderte sich die Situation, als Sargons Sohn Sanherib (705—681) die Nachfolge seines Vaters Sargon II. antrat. Hiskia suchte und fand Verbündete. Seinem Unternehmen gegen Assur schlossen sich Aškalon und Akkaron an, Ägypten versprach wiederum Hilfe (Jes. 30, 1—5; 31, 1—3). In Babylon hatte sich Merodach-Baladan (Marduk-apaliddin II.) im Jahre 721 zum König erhoben und assyrische Angriffe abgeschlagen. Er schickte nach

84) Über die soziale Struktur der Bevölkerung von Juda in der späteren Königszeit, vgl. Albright, B. P., S. 41 f.

85) ANET, S. 321; TGI, S. 59. Die Inschrift ist in klassischer hebräischer Prosa abgefaßt.

Jerusalem Gesandte, um einen gemeinsamen Aufstand gegen Assyrien vorzubereiten (2. K. 20, 12 ff.). Sanherib, über dessen nun folgende Feldzüge wir durch seine Annalen orientiert sind, wandte sich zuerst gegen Merodach-Baladan und vertrieb ihn. Dann unterwarf er Sidon und ging gegen die aufständischen Philisterstädte Aškalon und Akkaron vor. Bei Altaku stellte sich ihm die ägyptische Streitmacht entgegen, um Akkaron zu entsetzen, auch sie wurde jedoch geschlagen. Šabaka hatte nur ein geringes Kontingent eigener Soldaten gesandt, der Rest setzte sich aus Truppen kleiner ägyptischer Stadtfürsten zusammen. So war Südwestpalästina den Assyrern ausgeliefert, und die Philisterstädte konnten bald erobert werden. Hiskia mußte den assyrientreuen König von Akkaron, den dessen aufständische Untertanen an Hiskia ausgeliefert hatten, als er Anführer der antiassyrischen Koalition gewesen war, dem Sanherib zurücksenden, der ihn wieder einsetzte. Nun schickte sich der assyrische König an, Juda zu besetzen (701)[86]: „46 seiner festen mit Mauern versehenen Städte und die kleinen Städte in ihrer Umgebung, ohne Zahl ... belagerte und eroberte ich ..." „Ihn selbst (gemeint ist Hiskia) wie einen Käfigvogel, inmitten der Stadt Jerusalem, der Stadt seines Königtums, schloß ich ein. ..." So berichten die Annalen Sanheribs. Hiskia blieb nichts anderes als die Unterwerfung übrig. Er mußte für seinen Abfall schweren Tribut leisten: „Alles Silber, daß sich im Tempel JHWH's und in den Schatzkammern des Königspalastes befand" (2. K. 18, 15); sogar die mit Gold überzogenen Tempeltüren wurden abgeschält, um die nötige Menge Goldes zusammenzubekommen (2. K. 18, 16). Neben zahlreichen Sachwerten (Edelsteine, Betten aus Elfenbein, Thronsessel, Elefantenzähne, Edelhölzer, Waffen aller Art u. a.) hatte Hiskia auch seine Töchter, eine Anzahl seiner Haremsdamen sowie Sänger und Sängerinnen in Ninive abzuliefern und in einer Erklärung durch seinen Gesandten die Unterwerfung zu bekunden. Um zu-

86) Vgl. ANET, S. 287 f.; TGI, S. 57 f., dem wir die folgenden Zitate entnehmen.

künftige Aufstandsgelüste zu hemmen, wurde ein großer Teil des Landes an assyrientreue Philisterfürsten verteilt[87])

Im Königsbuch (2. K. 18, 13—19, 37) werden die Vorgänge bei der Belagerung Jerusalems auf zwei verschiedene Begebenheiten im Verlaufe von zehn Jahren verteilt. Nach dem legendären Bericht von 2. K. 19, 35 ff. wäre der assyrische König von dem bereits belagerten Jerusalem wegen des Ausbruchs einer Pest abgezogen. Vermutlich fand jedoch nur eine Belagerung statt. Da diese im Vergleich zu derjenigen von Samaria noch relativ glimpflich verlief, entstand dann später die Legende von der wunderbaren Errettung der Stadt. In der Tat ist es auffallend, daß der assyrische König nicht, wie im Falle des Reiches Israel, auch der Selbständigkeit Judas ein Ende bereitete und das abgetrennte judäische Territorium nicht als assyrisches Staatsgebiet einzog, sondern den Philisterfürsten übertrug.

Die damalige Situation beschreibt der Prophet Jesaja (1, 7 f.) mit dichterischen Worten:

„Euer Land eine Wüste, eure Städte verbrannt,
Euer Acker vor Euch von Fremden verzehrt;
übrig nur Zion wie eine Hütte im Weinberg,
wie ein Nachtlager im Gurkenfeld, wie eine verwahrte Stadt."

Unter den nun folgenden assyrischen Königen Assarhaddon (681—669) und Assurbanipal (668—626) erreicht Assyrien den Höhepunkt seiner Macht. Juda bleibt während der langen Regierungszeit von Hiskias Sohne Manasse (687—642) Assyrien tributpflichtig. Über Manasse weiß das 2. Königsbuch (2. K. 21, 1—16) nur zu berichten, daß er die Kultreform seines Vaters rückgängig gemacht habe; wahrscheinlich hängt das, wenigstens teilweise, mit der politischen Abhängigkeit von Assyrien zusammen, das als Zeichen der Unterwerfung in Jerusalem die Wiedereinführung des assyrischen Staatskultes verlangte, da der „Rebell" Hiskia gerade zur Stärkung

---

87) Zum Bericht des 2. Königsbuches über die Belagerung Jerusalems, vgl. Alt II, S. 242 ff.; de Vaux, S. 756; Albright, B. P., S. 43 f.; Gordon, S. 228 ff.; Noth, S. 243; Parrot, S. 143 ff., sowie W. v. Soden, Herrscher im Alten Orient, 1954, S. 107 f.

seiner nationalen Unabhängigkeit ausschließlich den JHWH-Dienst geduldet hatte. Als Lohn für die Unterwerfung unter Assyrien genießt Juda vier friedliche Jahrzehnte in einer Zeit schwerster politischer Auseinandersetzungen zwischen den Großmächten.

Wahrscheinlich hat auch Manasse die seinem Vater Hiskia abgenommenen und den Philisterfürsten zugewiesenen Gebiete zurückerhalten. Der legendäre Bericht (2. Chr. 33, 10 ff.), Manasse sei von den Assyrern nach Babylon deportiert, später aber begnadigt worden, findet in keiner historischen Quelle eine Stütze.

Auf Manasse folgte für zwei Jahre Amon (642—640) und, nach dessen Ermordung, Josia (640—609). Während seiner Regierungszeit kam es im Orient zu einer entscheidenden politischen Wendung durch den Zusammenbruch des assyrischen Reiches. Den Auftakt zu diesem Geschehen bildete ein Bürgerkrieg zwischen Assurbanipal und seinem Bruder, dem Vizekönig von Babylon Šamaš-šum-ukin, gegen den sich Assurbanipal behaupten konnte (648). Aber nach Assurbanipals Tod (626) machte sich Babylon unter der Herrschaft der Chaldäer selbständig. Der Chaldäer Nabopolassar (625—605) begründete die neubabylonisch-chaldäische Dynastie. Im Jahre 612 eroberte ein vereinigtes Heer von Babyloniern, Medern und Skythen (Völkerschaften, die vermutlich aus der südrussischen Steppe kamen), Ninive, die Hauptstadt des assyrischen Großreiches,[88]) nachdem die Meder bereits 614 Assur in Besitz genommen hatten.

Unter Josia (640—609) setzte in Jerusalem noch einmal eine Kultreform ein. Wiederum ist der politische Aspekt dieser Reform betont, denn Josias Regierung fällt in die Zeit des Niederganges des assyrischen Reiches. Der Vernichtung fremder Kultsymbole (2. K. 23, 4 ff.) wird die stillschweigende Aufkündung der Unterwerfung unter die assyrische Oberherschaft und damit die Einstellung von

88) Vgl. TGI, S. 59 ff.; Parrot, S. 160 ff.

Tributzahlungen gefolgt sein. Josia dehnte seine Herrschaft nun auch auf die assyrische Provinz Samaria aus (2. K. 23, 19), nachdem er vorher den Tempel in Bethel hatte zerstören lassen (2. K. 23, 15). Assyrien war bereits zu schwach, um Josia zu hindern, das einstige davidische Reich wiederherzustellen, denn darauf laufen Josias Aktionen hinaus. Von militärischen Handlungen erfahren wir nichts, die Machtausweitung des judäischen Königs scheint also auf friedliche Weise vor sich gegangen zu sein.

Für die religiöse Situation der folgenden Zeit wurde der Fund eines anläßlich von Bauarbeiten im Tempel zu Jerusalem entdeckten Gesetzbuches bedeutsam, das der Oberpriester dem König Josia übergab (2. K. 22, 3 ff.) (622). Der König ließ eine Prophetin über die Authentizität dieses Buches befragen, und diese bestätigte ihm, daß es sich um ein legitimes, den Willen JHWH's widerspiegelndes Werk handle. Der Inhalt des Gesetzbuches dürfte ohnehin den Tendenzen des Josia entsprochen haben; Kultreform und Ablösung von der assyrischen Vormundschaft waren vermutlich längst im Gange, als man das Buch auffand.[89])

Bei diesem Werk, das de Wette (1805) als die Urgestalt des im A.T. erhaltenen deuteronomistischen Gesetzes erkannte,[90]) handelt es sich um predigtartige Zusammenstellungen von alten Rechtssatzungen, mit deren Abfassung die Autoren den Zweck verfolgten, das alte Gottesrecht für die Gegenwart neu zu formulieren und zur Geltung zu bringen. Es knüpft an die alte israelitische Forderung nach einem Einheitsheiligtum an und will das israelitische Kultwesen gegen kanaanäische Einflüsse scharf abgrenzen. Durch die Angabe der mosaischen Verfasserschaft soll die Autorität dieses Werkes gesichert und zugleich die Anknüpfung an die als noch frei von fremden

89) Vgl. Noth, S. 249.

90) Gleiches hatten schon Athanasius, Chrysostomus, Hieronymus, Prokop von Gaza vermutet. Vgl. Baumgartner, Th. R. N. F. 1, 1929, S. 7 ff., v. Rad, Deuteronomium-Studien², 1948; Albright, Steinz., 312 ff.; Noth, S. 249 f.; Buber, Glaube der Propheten, S. 230 ff.; Alt, II, 250 ff.

Einwirkungen gedachte Frühzeit gewährleistet werden.[91]) Für die Verfasser des Buches ist JHWH der einzige Gott im Himmel und auf Erden, der als Geist ohne sichtbare Gestalt verehrt werden muß (Dt. 4, 12). Das Werk soll „den Sturzbach der prophetischen Botschaft in ein geregeltes Bett leiten“ (M. Buber), und die Realisierung der sozialen Forderung[92]) innerhalb des „politisch Möglichen“ gewährleisten, andererseits den von den Propheten oft als entartet gebrandmarkten sakralen Bereich läutern und sichern. Die Entstehungszeit des 622 gefundenen Urdeuteronomium kann man im 7. Jahrh. vermuten; Näheres darüber wissen wir nicht.

Josia zeigte sich von dem gefundenen Werke sehr beeindruckt und verlas es vor versammeltem Volke; er schloß darauf einen Bund, bei dem JHWH der eine Partner, das Volk der andere war (2. K. 23, 1—3). Dieser Bund sollte an die alte Sinaitradition anknüpfen und entsprach der Tendenz des vorgelesenen Buches, dessen besondere Bedeutung darin liegt, daß zum ersten Male in der Geschichte Israels ein schriftlich niedergelegtes religiöses Gesetz zum Staatsgesetz erhoben, eine sakrale Ordnung durch Gebot des Staates zur Durchführung gebracht wird. Das zentrale Anliegen dieses Gesetzbuches, die Kultzentralisation in Jerusalem, hatte nachhaltige Folgen: Die vielen Heiligtümer im Lande erhielten niemals mehr die gleiche Geltung wie vor der Reform des Josia.

---

91) Das Deuteronomium veranschaulicht antiquarische Züge durch viele erklärende Parenthesen und weist eine Tendenz zu Archaismen auf als ein Zeichen für das neuerwachte Interesse an der Vergangenheit. Diese Reaktion war keine lokale Erscheinung, sondern bildete einen Teil einer auf mehrere Länder des Alten Orients sich erstreckenden Bewegung. In diesem Zusammenhang seien die Anknüpfungsversuche der saitischen Könige der 26. Dynastie (660—525) an die alte Pyramidenzeit erwähnt, sowie Assurbanipal (668—626), der die größte Bibliothek des Alten Orients anlegte und tausende von Texten aus alter Zeit kopieren ließ. Vgl. Albright, Steinz., S. 314, v. Soden, S. 131 f.; S. A. Pallis, The Antiquity of Iraq, 1956, S. 722 ff.

92) Daß sich die Einführung des Gesetzes auch in sozialer Beziehung auswirkte, geht aus einem Spruche des Propheten Jeremia über Josia hervor (22, 15 f.): „... Und er übte Recht und Gerechtigkeit und führte die Sache des Elenden und Armen“ ...

Seine politischen Unternehmungen waren allerdings weniger erfolgreich. Wie bereits erwähnt, konnte Josia zunächst das Territorium Judas beträchtlich nach Norden ausdehnen, da die bis dahin im vorderen Orient führende Großmacht Assyrien im Verfall begriffen war. Aber bald versuchte Ägypten unter dem Pharao Necho (609—593) in Palästina-Syrien die Erbschaft Assyriens anzutreten. Der Anlaß für Necho, nach bzw. durch Palästina zu ziehen, wobei er sich gleichzeitig die Oberhoheit darüber anzueignen suchte, war folgender: Als die Meder und Babylonier es unternahmen, das assyrische Großreich aufzuteilen, versuchte Assuruballit II. von Harran aus, wenigstens noch einen Restbestand Assyriens für sich zu retten. Necho beschloß nun, diesem Assyrer in seinem Kampfe zu helfen,[93]) um dadurch das Entstehen von neuen Ägypten gefährdenden Großreichen zu verhindern. Josia hatte sich gerade von Assyrien losgelöst, er mußte daher notwendigerweise assyrienfeindlich sein, andererseits wollte er gewiß nicht die gerade glücklich beendete assyrische Oberherrschaft gegen eine ägyptische eintauschen. In Überschätzung der eigenen Kräfte stellte er sich daher bei Megiddo dem Pharao Necho in den Weg (609); Josia wurde in der Schlacht tödlich verwundet (2. K. 23, 29 f.) Der Traum von einem erneuerten davidischen Großreich war verflogen. Josias Sohn Joahas wurde von den freien Vollbürgern zum König erhoben (2. K. 23, 30). Als aber Necho drei Monate nach der Inthronisation des Joahas erfolglos aus Assyrien zurückkehrte, setzt er den jungen König gefangen und brachte ihn nach Ägypten, wo er starb (2. K. 23, 34).

In dieser Situation ist das prophetische Wort der Klage gesprochen worden (Jer. 22, 10):

„Weinet nicht um den, der tot ist, und klaget nicht um ihn,
weinet vielmehr um den, der fortgeht,

---

93) Vgl. Josephus, Ant. X, 5, 1. Wahrscheinlich spiegelt auch 2. K. 23, 29 die Tatsache wider, daß Necho nicht in feindlicher Absicht nach Assyrien zog. Vgl. Gordon, Introduction, S. 249, Anm. 13; Parrot, S. 163.

denn nicht mehr wird er wiedersehen sein Heimatland."

Der König, der „fortgeht", ist der junge Joahas, mit dem „Toten" ist dessen Vater Josia gemeint.

Offenbar empfand Necho die Einsetzung eines Königs ohne seine Erlaubnis als Auflehnung gegen die ägyptische Oberhoheit, und deshalb mußte auch das Volk einen schweren Straftribut leisten (2. K. 23, 33). Necho bestimmte nun selbst einen anderen Sohn des Josia zum judäischen König: Eljakim, dessen Name er in Jojakim verändern ließ; durch diese, im übrigen gut judäische, Namengebung wollte er ihn ausdrücklich als ägyptischen Vasallen kennzeichnen.

So hatte die Oberhoheit über Juda nun gewechselt: es war von der assyrischen unter die ägyptische Herrschaft geraten. Inzwischen einigten sich Babylonier und Meder über die Abgrenzung ihres Herrschaftsgebietes: Die Meder nahmen den Nordwesten und Norden des ehemaligen assyrischen Großreiches in Besitz sowie die iranisch-armenischen Gebirgsländer; die neubabylonische Herrschaft erstreckte sich auf das übrige Zweistromland; die Chaldäer erhielten ferner den Anspruch auf Syrien-Palästina. Hier mußte es mit Ägypten zum Konflikt kommen, und bei Karkemisch (Jer. 46, 2) führte der babylonische Kronprinz Nebukadnezar eine Niederlage Nechos herbei (605), und jetzt trat Babylon an die Stelle Ägyptens als judäischer Oberherr (2. K. 24, 7).

Der als Gewaltherrscher (2. K. 24, 4) geschilderte Jojakim[94]) empörte sich jedoch nach drei Jahren der Dienstbarkeit (2. K. 24, 1) gegen Nebukadnezar (604—562). Dieser schritt erst 598 zu einer Bestrafungsaktion. Den Jojakim konnte der babylonische König nicht mehr treffen, er war offenbar kurz vor dem Eintreffen Nebukad-

---

94) Vgl. die eindrucksvolle, lebendige Schilderung (Jer. 36, 21 ff.) wie Jojakim sich die von Baruch, dem Sekretär und Jünger Jeremias aufgezeichneten Unheilsweissagungen über Juda und Jerusalem vorlesen läßt, und dann in bewußter Frivolität das Wort JHWH's mißachtet, indem er Kolumne nach Kolumne abschneidet und sie ins Feuer wirft „bis die ganze Rolle in das Feuer geworfen war" (V. 23).

nezars gestorben (2. K. 24, 6); aber den jungen Nachfolger Jojachin,[95]) große Teile der königlichen Familie sowie eine Anzahl der angesehenen Bürger führte der babylonische König nach Babylon in die Gefangenschaft;[96]) übrig blieben „die Geringen des Landvolks" (2. K. 24, 14), eine Angabe, die wie 2. K. 25, 22 ff. zeigt, eine Übertreibung ist. Als neuen König setzte Nebukadnezar einen Onkel des Jojachin, Mattanja, ein, dessen Namen er in Zedekia änderte (2. K. 24, 17). Offenbar wurde auch das judäische Staatsgebiet beträchtlich verkleinert[97]) (vgl. Jer. 13, 18 f.). Jeremia hat gewiß mit Recht keine gute Meinung über diesen schwachen König, der Einflüsterungen einer nationalistischen Kriegspartei nur allzu bereit nachgab, um mit Psammetich II., bzw. dessen Sohn Apries, gegen Babylon zu konspirieren. Dagegen riet Jeremia in richtiger Einschätzung der politischen Situation, sich Nebukadnezar zu unterwerfen, um wenigstens einen Restbestand des Staates zu retten, aber der Prophet wurde als „Kollaborateur" diffamiert.[98]) (Vgl. Jer. 37, 11—16). Das Leben und die Reden Jeremias bieten ein eindrückliches Bild vom Untergange Judäas. Der Prophet selbst greift aktiv als heimlicher Ratgeber des Königs Zedekia ein (Jer. 37, 17—21; 38, 14—26), aber vermag sich gegen die Kriegspartei (Hofpropheten, Offi-

95) Die babylon. Chronik berichtet darüber (598): „Im 7. Jahre, im Monat Kislev, bot der König von Akkad sein Heer auf und zog nach dem Lande Ḫatti. Gegenüber der Stadt der Judäer warf er (sein Lager) auf und eroberte am 2. Adar die Stadt. Den König nahm er gefangen, einen König seiner Wahl (wörtl.: seines Herzens) betraute er darin (mit der Herrschaft). Ihre (der Stadt) schwere Abgabe nahm er und ließ (sie) nach Babylon bringen." Vgl. D. J. Wisemann, Chronicles of Chaldaen Kings (626—556) in the British Museum, 1956, S. 33, 73; vgl. E. Weidner, AfO, XVII, 2. Teil, 1956, S. 499 f., ferner E. R. Thiele, BASOR, 143, 1956, S. 22 ff. u. Albright, S. 28 ff., D. N. Freedman, B. A. 19, 1956, S. 50 ff.; E. Vogt, Suppl. V. T., IV, 1957, S. 67 ff.

96) Babylonische Quellen geben Aufschluß über die vermutlich aber erst nach einiger Zeit Gefangenschaft erfolgte recht milde Behandlung der Exilierten. Jojachin wurde dann 561 begnadigt. Er durfte „standesgemäß" in Babylon leben. Vgl. E. Weidner, Mélanges Dussaud II, 1939, S. 923—935.

97) Vgl. Noth, S. 256.

98) Vgl. dazu die Ostraca aus Lachiš (ANET, S. 321 f.; TGI, S. 65).

ziere, Priester) nicht durchzusetzen. Zedekia schritt, vermutlich auf Anstiftung Ägyptens, zum offenen Abfall gegen Babylon, und bald darauf (589) erschien Nebukadnezar vor Jerusalem. Die Stadt selbst konnte er zwar erst 587 (oder nach Auffassung E. R. Thieles 586) einnehmen, da er zunächst einen ägyptischen Angriff abwehren mußte (Jer. 34, 21; 37, 5); das übrige Land ging aber bereits vorher verloren. Nebukadnezar ließ dann Königspalast und Tempel in Brand setzen, Zedekia gelang die Flucht nicht, er fiel in die Hände der Babylonier und mußte mitansehen, wie seine Söhne getötet wurden; dann wurde er geblendet und nach Babylon in die Gefangenschaft geführt, wohin man auch die übrigen Notabeln und die Stadtbevölkerung Jerusalems brachte (2. K. 25, 1—21).

Der Prophet Jeremia hatte anläßlich der Einnahme Jerusalems (598 oder 587) ein Klagelied verfaßt, daß die Situation in Jerusalem kennzeichnet (Jer. 9, 18—21):

„Horch, ein Klagelied hört man aus Zion:
Wie sind wir vergewaltigt, von Schande befleckt,
denn wir mußten die Heimat verlassen, unsere Wohnstätten preisgeben ...
Der Tod ist durch unsre Fenster gestiegen, in unsre Paläste gedrungen,
hat vertilgt das Kind von der Gasse, die Jünglinge von den Plätzen,
und es liegen die Leichen der Menschen über das Feld hin
wie Garben hinter dem Schnitter, die niemand aufliest."

Die Herrschaft des davidischen Königshauses hatte ihr Ende gefunden, das zerstörte Judäa war eine babylonische Provinz geworden. Eine Ansiedlung fremder Völkerschaften fand jedoch nicht wie seinerzeit bei der Eroberung Samarias durch die Assyrer statt. Nebukadnezar bestimmte einen hohen judäischen Beamten, Gedalja,[99]) zum Gouverneur über Judäa, der seinen Amtssitz nicht in dem zerstörten Jerusalem, sondern in Mizpa (Tell en-Nasbeh) bezog. Vielleicht wollte Nebukadnezar eine mögliche Restau-

---

99) Bereits Gedaljas Vater, Ahikam ben Šafan, war einer der höchsten Staatsbeamten (2. K. 22, 12. 14; Jer. 26, 24).

ration des Königtums in der angestammten Hauptstadt ausschließen; vermutlich war jedoch Jerusalem derart zerstört, so daß eine geordnete Verwaltung der neuen babylonischen Provinz sich von dort aus gar nicht hätte durchführen lassen.

Eine Anzahl von Juden, darunter viele höhere Offiziere, kamen nun aus ihren Verstecken in Judäa bzw. aus den benachbarten Ländern Ammon und Edom, wohin sie sich geflüchtet hatten, hervor, und Gedalja versuchte sie zu überreden, im Lande zu bleiben und sich der babylonischen Oberherrschaft zu fügen. Ehe aber eine Konsolidierung stattfinden konnte, wurde Gedalja von einem Prinzen aus der königlichen Familie, Jišmael, heimtückisch ermordet (2. K. 25, 25 ff.). Dieser richtete mit seiner zehnköpfigen Bande ein Blutgemetzel in Mizpa an und tötete die dortige judäische und babylonische Verwaltung. Vielleicht handelten die Mörder auf Anstiftung des ammonitischen Königs, zu dem sich Jišmael geflüchtet hatte (Jer. 40, 13 ff.). Der Ammoniterkönig fürchtete vermutlich, daß es Gedalja gelingen könnte, wieder ein mehr oder weniger selbständiges Staatswesen zu errichten. Die Ammoniter hätten dann die von ihnen annektierten Gebiete herausgeben müssen (vgl. Jer. 49, 2; Ez. 25, 1 ff.). Jišmael floh nach seinen Untaten nach Ammon (Jer. 41, 15), und der Rest des Volkes wandte sich gegen Rat und Willen des Propheten Jeremia nach Ägypten, wohin auch er verschleppt wurde (Jer. 42—43, 7). In Ägypten verliert sich Jeremias Spur; wir erfahren nur noch, daß er (anläßlich einer Volksversammlung der dort bereits ansässigen und der nach Ägypten geflüchteten Judäer) den von den Frauen geübten Ištar-Kult (Ištar = Göttin des Planeten Venus!) geißelt (Jer. 44, 15 ff.).[100])

---

100) Diese judäischen Frauen verehrten die „Himmelskönigin" (Jer. 7, 18; 44, 17 ff.), die auch in den bisher nicht veröffentlichten Papyri aus Tûna el-Gebel in Oberägypten erwähnt wird. Ob diese Papyri jedoch von Juden Kunde geben, ist fraglich. Vgl. Kamil, Bull. de l'Inst. d'Egypte, 28, 1945/46, S. 253 ff.; Baron I, S. 347; Cazelles, Compt. Rend. Acad. Inscr. et Belles Lettres, 1954, S. 504.

Aus Judäa fand dann noch einmal im Jahre 582 eine Verschleppung von 745 Menschen nach Babylonien statt (Jer. 52, 30); den Grund dafür kennen wir nicht. Die Zahl der in den drei Deportationen von 598—582 nach Babylon gebrachten Judäer läßt sich schwer ermitteln, da die alttestamentlichen Notizen sich widersprechen. Vielleicht darf man die Gesamtzahl der nach Babylon Verschleppten (einschließlich Frauen und Kinder) auf etwa 45 000 schätzen.[101])

12. Exil und Restauration

Um 550 befindet sich das Zentrum der Judenheit nicht mehr in ihrem eigenen Lande, sondern in der Diaspora in Babylonien. Das ehemalige israelitisch-judäische Territorium war allerdings nicht völlig entvölkert. Zum Unterschied zur assyrischen Praxis wurden nach 589 keine Fremdvölker nach Judäa gebracht; es mögen sich aber Menschen aus der Nachbarschaft freiwillig in den mehr oder weniger menschenarmen Gegenden angesiedelt haben. Die Zerstörungen in Judäa waren ungeheuer groß, wie die archäologischen Grabungen von Debir, Lachiš und Beth-Šemeš zeigen.[102]) Dazu kam, daß Judäas Nachbarn, vor allem Edom und Ammon, nach dem Fall Jerusalems über das Land herfielen (vgl. Ps. 137, 7; Ez. 25, 12 ff.; 35, 5. 10. 12.; Obadja 11 ff.).

Für die Geschichte der Juden in Babylon in den ersten Jahrzehnten ihres Exils ist unsere Quelle das in Babylonien redigierte Buch des Propheten Ezechiel. Von ihm erfahren wir, daß die Juden sich an ihren verschiedenen Wohnorten frei bewegen konnten, aber lange Zeit hindurch in Babylon nicht heimisch wurden, weil für sie infolge der Zerstörung des Tempels der religiöse Mittelpunkt fehlte. So

---

101) Vgl. Rudolph, Jeremia Komment., S. 279ff.; Galling, ZDPV, 70, 1953, S. 22.

102) Wright, BA, 18, 1, 1955, S. 14 f.; O. Tufnell, Lachish III, 1953, S. 56 ff.

ist dann vor allem der Sabbat zum Bindeglied der in der Fremde lebenden Juden geworden (Ez. 20, 12), die in den verschiedenen Städten gemeindeähnliche, von Ältesten geführte Institutionen errichtet hatten (Ez. 8, 1; 14, 1; 20, 1).[103])

Zum Unterschied zu den seinerzeit nach Assyrien deportierten Israeliten besaßen die nach Babylon gebrachten Judäer eine Sammlung hebräischer Schriften, die den Grundstock bildeten, aus dem später das Alte Testament entstanden ist. Diese heiligen Schriften wurden zu einem geistigen Bindeglied zwischen der Vergangenheit und einer den Juden verheißenen Zukunft. Sie konnten aus ihnen entnehmen, daß sie in Babylon ansässige Juden, und eben nicht Babylonier, seien. Vermutlich wurden diese heiligen Schriften bei den Zusammenkünften der Exilierten verlesen. In Babylonien hat man sich auch die Anfänge des Synagogengottesdienstes zu denken, der aus den Zusammenkünften der nach Babylonien verbrachten Juden entstanden ist. Das später gebräuchlich gewordene Wort für das jüdische Gotteshaus bedeutet ursprünglich „Haus der Versammlung" (hebr. Beth Hakkeneset — griech.: Synagoge), und nicht „Haus des Gebets".

Über die berufliche Struktur der Exilierten läßt sich nichts Sicheres sagen, aber aus wenigen Hinweisen kann man entnehmen, daß sie Landwirtschaft betrieben, im Handel vertreten waren und schließlich auch Verwaltungsposten erhielten. Gewiß wird auch die alte Handwerkertradition der zahlreichen nach Babylonien deportierten Zimmerleute und Schlosser (2. K. 24, 14) weiter gepflegt worden sein. Im übrigen hatte sich seit der 1. Deportation (598) die Lage der Exilierten anscheinend konsolidiert. Dennoch empfanden die Juden ihr Leben in Babylonien nur als ein Provisorium, und viele werden die Sehnsucht der Propheten Ezechiel und Deuterojesaja nach der Heimkehr geteilt haben, wenngleich dem Volke nun gerade durch Deuterojesaja klar gemacht wurde, daß JHWH nicht an

103) Zur religiösen Situation im babylonischen Exil vgl. Dubnow I, S. 332 ff.; de Vaux, S. 761 f.; Baron I, S. 108 ff., S. 121 ff. E. Janssen, Juda in der Exilzeit, 1956.

ein Land gebunden ist;[104]) der jüdische Universalismus wird hier zum ersten Male deutlich. Diese beiden Propheten haben der geistigen Restauration der jüdischen Gemeinschaft den Weg gewiesen; die politische — freilich in äußerst bescheidenem Maße — sollte nun bald folgen; sie hängt eng mit dem Niedergang des neubabylonischen Reiches nach Nebukadnezars Tod (562) zusammen. Das Ende der babylonischen Herrschaft kam durch den Perser Kyros II. (559—530) aus dem Hause der Achämeniden, der zunächst Medien[105]) unterworfen hatte (553), dann Lydien (546). Schließlich hielt er nach der Vernichtung des babylonischen Heeres seinen Einzug in Babylon (539), wo er den letzten neubabylonischen König Nabonid (555 bis 539), einen merkwürdigen Sonderling, verjagte (Jes. 41, 2; 44, 28; 45, 1).[106])

Im Gegensatz zu den assyrischen und babylonischen Großreichen tasteten die Perser die eigenständige Kultur der von ihnen unterworfenen Völker nicht an. Sie ließen den Untertanen ihr religiöses und kulturelles Eigenleben. Diese Toleranz, die den Persern die politische Herrschaft über eroberte Gebiete erleichterte, wirkte sich auch für die Juden aus. Sie sahen, daß der persische König Kyros in Babylonien die alten, von Nabonid eigenmächtig veränderten religiösen Verhältnisse wiederherstellte. Darum baten die in Babylonien ansässigen Juden Kyros, ihren durch die Babylonier zerstörten Tempel in Jerusalem wieder aufbauen zu dürfen. Diese Genehmigung erhielten die Juden bald (538) (vgl. Esr. 6, 3—5). Mit der Durchführung des Tempelaufbaues wurde ein gewisser Šeš-

104) Für viele Juden wurde Babylon dann zum dauernden Wohnsitz. Die Spuren der Nachkommen jener Juden lassen sich noch an Hand von Listen mit jüdischen Namen bis in die persische Epoche verfolgen, wenngleich sonst nichts wesentliches aus diesen Handelsdokumenten mehr ersichtlich ist.

105) Die Meder, die 614 Assur eroberten, hatten ihre Hauptstadt in Ecbatana. 612 halfen sie den Babyloniern, Ninive einzunehmen und damit das assyrische Großreich zu beseitigen.

106) Vgl. Galling, ZDPV, 69, 1953, S. 42—64; 70, S. 4 ff.; W. v. Soden, Herrscher im Alten Orient, 1954, 145 ff.; Schmökel, S. 317 ff.

bazzar betraut, der auch die nach Babylon verschleppten Tempelgeräte nach Jerusalem zurückbrachte. Über die Person des Šešbazzar wissen wir nichts Näheres. Die Arbeiten am Bau blieben aber nach der Fundamentlegung bald stecken; die Verhältnisse im Lande waren zu jener Zeit außerordentlich entmutigend (Hag. 1, 6—11). Nicht allzuviele Rückkehrer werden sich zur Heimreise entschlossen haben, zumal das Edikt des Kyros ohnehin nur vom Tempelwiederaufbau spricht und nicht von einer anderweitigen Restauration! Erst als nach dem Tode des Kambyses (522), dem Nachfolger des Kyros, in Persien Thronwirren ausbrachen, schöpften die Juden, veranlaßt durch die Reden der Propheten Haggai und Sacharja, neue Hoffnungen für eine staatliche Wiederaufrichtung. An die Person des damals in Judäa amtierenden persischen Kommissars, des Davididen Serubbabel, knüpften sich große Erwartungen. Die eschatologische Sehnsucht der Propheten erfüllte sich zwar nicht, aber der Tempelbau schritt nun voran, und Darius I., der die Erbschaft des Kambyses antrat, erneuerte das Bauedikt des Kyros.

Die Konsolidierung und Organisation des von Kyros II. geschaffenen Großreiches zustande gebracht zu haben, war das Verdienst Darius I. (521—486). Während er direkt als König über Babylon und Ägypten regierte, teilte er den Rest seines Reiches in 20 Satrapien, die unter der Leitung eines Gouverneurs standen; Jerusalem gehörte zur 5. Satrapie, die das kleine Gebiet von Bethel bis Beth-zur umfaßte. Das Aramäische wurde nun zur Kanzleisprache des gesamten Imperiums und dadurch zu seinem Bindeglied. Als königliche Residenzen dienten Babylon und Susa.

Etwa um 520 mögen dann auch weitere Juden aus Babylon nach Jerusalem zurückgekehrt sein. Im Frühjahr 515 wurde der Tempel eingeweiht (Esr. 6, 15). Von allen Hoffnungen, die sich an den davidischen Prinzen knüpften, blieb als einzige Erfüllung der wiedererstandene Tempel. Daß der Bau überhaupt vollendet wurde, ist

Serubbabel und den Propheten Haggai und Sacharja zu verdanken.

Das jüdische Jerusalem war von einer feindlichen Bevölkerung umgeben, die vorher vergebens versucht hatte, den Tempelbau zu vereiteln (Esr. 4); sie argwöhnte, Serubbabel könnte ein neues jüdisches Königtum errichten (Hag. 2, 23; Sach. 4, 6 ff.). Vor allem empörte sich das Mischvolk von Samaria gegen Jerusalem. Die Samaritaner verehrten zwar auch JHWH, lebten jedoch in einem religiösen Synkretismus, der in der verschiedenartigen Zusammensetzung der Bevölkerung seine Ursache hatte. Sie war von Serubbabel nicht zum Tempelbau zugelassen worden und hatte sich durch Denunziationen beim persischen König dafür gerächt. Die Quertreibereien der Bevölkerung von Samaria waren um so störender, als Jerusalem den Autoritäten der persischen Provinz Samaria direkt unterstand und diese in der Lage waren, die Entwicklung Jerusalems zu hemmen. Die Samaritaner befürchteten, daß durch den Aufbau Jerusalems Samarias Rolle als Festung und Sitz des persischen Statthalters beeinträchtigt werden könnte.

Für die ersten Jahrzehnte nach der Tempeleinweihung fehlen uns alle Quellen. Auch für die folgende Zeit ist eine gesicherte Darstellung der Ereignisse wegen der schwierigen literarkritischen Probleme der Bücher Esra und Nehemia kaum möglich. Soviel wird jedoch klar, daß die Verhältnisse nach dem Tempelaufbau recht trostlos waren. Änderung war dringend nötig. Sie kam aus der Gola. In Susa war Nehemia zu einem hohen Staatsamt am persischen Hofe des Königs Artaxerxes I. Longimanus (464—424) gelangt. Nehemia konnte es erreichen, mit dem Auftrag nach Jerusalem gesandt zu werden, dort die zerstörten Mauern wieder aufbauen zu lassen, denn die Bevölkerung litt unter ständigen Überfällen der in die schutzlose Stadt Jerusalem eindringenden Araber, Edomiter und Ammoniter. Etwa um das Jahr 445 mag Nehemia in Jerusalem eingetroffen sein, und er blieb dort als persischer Statthalter auch noch nach Errichtung der Mauern.[107])

Durch Nehemias Intervention blieb Judäa nicht mehr von der Provinz Samaria abhängig, sondern wurde in den Rang einer eigenen persischen Provinz erhoben.[108]) Die feindlichen Nachbarn versuchten die Errichtung der Schutzmauer wiederholt zu stören, aber es gelang Nehemia gleichwohl, das Werk in etwa zwei Monaten vollbringen zu lassen (Neh. 3—4). Unter den Feinden Judäas finden wir vor allem Sin-uballit (Sanballat), den Gouverneur von Samaria, der trotz seines babylonischen Namens vielleicht ein JHWH-Anhänger (freilich mit synkretistischen Beigaben) war, denn zwei seiner Söhne tragen mit JHWH gebildete Namen: Delaiah und Šelemiah.[108a])

Ein anderer Gegner des Nehemia war der Statthalter der ostjordanischen Provinz, Tobiah (Neh. 2, 10; vgl. 4, 1 f.).[109]) Als Nehemia gegen die sozialen Ungerechtig-

---

107) Die Frage, ob Nehemia zeitlich vor Esra in Jerusalem gewirkt hat, ist noch nicht endgültig zu beantworten. Nach der alttestamentlichen Darstellung erscheint Esra als Erster in Jerusalem, dann erst folgt Nehemia. In der historischen Wissenschaft herrscht heute die gegenteilige Auffassung vor. Vgl. Albright, B. P., S. 51 ff.; Rudolph, Komment., S. 65 ff.; Noth, S. 288 ff.; Galling, ATD, 12, 1955, S. 13; Ricciotti, Gesch. Israels II, 1955, S. 139 f. Dagegen vgl. de Vaux, S. 765 f.; Gordon, S. 270, Anm. 2. Zuletzt hat sich Rowley, Bull. of John Rylands Library, 37, 2, 1955. S. 528 ff. mit diesem Problem beschäftigt. Er nimmt an, Nehemia hätte während der Regierungszeit des Artaxerxes I. (464—424) gelebt, Esra hingegen zur Zeit des Artaxerxes II (404—359). Die Verbindung von Esra und Nehemia durch den Chronisten beruhe auf einem durch die fälschliche Identifizierung der beiden persischen Könige gleichen Namens entstandenen Versehen. Rowley stützt seine These u. a. mit dem Hinweis auf die verschiedenen in den Büchern Esra und Nehemia erwähnten Hohepriestern: Zur Zeit Nehemias amtierte Eljašib (Esr. 10, 6), während der Mission Esras Johanan, der Enkel des Eljašib (Neh. 12, 11), der auch 408 (Cowley, Aramaic Papyri, S. 108 ff.) und wahrscheinlich noch 404 beim Regierungsantritte Artaxerxes II. im Amte war. Vgl. auch Cazelles, V. T. IV, 1954, S. 113 ff.

108a) Vgl. Rowley, Sanballat and the Samaritan Temple, Bulletin
Krughenkel bestätigen diese Annahme.
109) Von dem in Neh. 2, 19; 6, 1 ff. erwähnten, Nehemia eben-
John Rylands Library, 38, 1955—1956, S. 166 ff.

109) Von dem in Neh. 2, 19; 6, 1 ff. erwähnten, Nehemia ebenfalls feindlichen Gašmu, erhalten wir Kunde aus Gefäßinschriften in reichsaramäischer Sprache, wo ein Qaynu, Sohn von Gašmu, König von Qedar erwähnt wird, das vermutlich dem späteren Nabatäereich voranging. Vgl. Cross BA, 18, 2, 1955, S. 46 f., Rabinowitz, JNES XV, 1956, S. 1 ff.

keiten in Judäa einschritt (Neh. 5), verbündeten sich dessen wohlhabende Bewohner mit Nehemias Feinden (Neh. 6, 17 ff.). Sogar von Mordanschlägen auf Nehemia ist die Rede (Neh. 6, 2 ff.).

Nachdem Nehemia die äußere Sicherheit durch den Bau der Schutzmauer gewährleistet hatte, wandte er sich Problemen der inneren Organisation zu. Er siedelte aus allen Provinzorten den durch das Los bestimmten zehnten Teil der Bevölkerung nach Jerusalem um (Neh. 7, 4 f.; 11, 1 f,). Die Bevölkerungsliste in Neh. 7 zeigt den stark gemischten Charakter der Einwohner: Persische Namen finden sich neben elamitischen, moabitischen und spezifisch jüdischen. Dieser Liste ist ferner zu entnehmen, daß die Umgesiedelten sowohl aus Gebieten des ehemaligen Reiches Israel (Bethel, Ai, Jericho), als auch aus Juda (Ramah, Gebah u.a.) kamen. Nehemia kehrte dann nach zwölfjähriger Statthalterschaft zunächst nach Susa zurück (etwa 433?), erschien aber dann wieder in Jerusalem (Neh. 13, 6), anscheinend weil ihm von Mißständen in Judäa berichtet worden war (Vgl. Neh. 13).[110]) Er allein hatte wegen der Stärke seiner Persönlichkeit, wegen seiner moralischen Sauberkeit (vgl. Neh. 5, 6 ff.; 14 ff.) und auch wegen des Rückhalts, den ihm seine Stellung als persischer Statthalter bot, die Autorität, Ordnung zu schaffen. Die Judäer waren inzwischen Ehen mit Moabiterinnen, Ammoniterinnen und Frauen aus Ašdod eingegangen (13, 1 ff.; 23 ff.). Der mit dem Priester Eljašib verwandte Statthalter von Transjordanien, Tobiah, hatte sich im Tempel eine eigene Kammer (vielleicht als Lokal für die auch in späteren Zeiten bei den Tobiaden[110a]) üblichen

110) Ein Sündenverzeichnis findet sich auch im Büchlein des Propheten Maleachi 1, 6 ff.; 2, 8 ff.; 3, 5 ff.; 3, 13 ff. u. a.), der ebenfalls im 5. Jahrhundert in Jerusalem wirkte.

110a) In den hellenistisch-ägyptischen Zenonpapyri (259—58) ist von einem Tobiah die Rede, der, wie aus Ant. 12, 4, 2 hervorgeht, mit dem Jerusalemer Hohenpriester Onias II. verschwägert war. Dieser Tobiah trieb im Auftrage des Ptolemaios II. im Ostjordanland Handelsgeschäfte und stammt vielleicht von dem ebenfalls in Transjordanien ansässig gewesenen Tobiah ab, dem Zeitgenossen des Nehemia. Vgl. Ricciotti, Gesch. Israels II, S. 267 ff.

Handelsgeschäfte) einrichten lassen (Neh. 13, 4 ff.). Die Leviten und Tempelsänger erhielten nicht die ihnen zustehenden Abgaben, so daß sie sich der Landwirtschaft widmeten und den Tempeldienst aufgeben mußten (Neh. 13, 10 ff.). Der Sabbat wurde nicht mehr beachtet (Neh. 13, 5 ff.). Gegen alle Übertretungen des Gesetzes schritt Nehemia nun ein; freilich wissen wir nicht, mit welchem Erfolg. Im Falle der Mischehen unternahm er nichts, diese rückgängig zu machen; er sah wohl ein, daß er hier mit Zwang nichts ausrichten könnte. Nur in einem Einzelfall griff Nehemia mit Schärfe durch: Er verwies einen mit der Tochter des Sanballat verheirateten Priester des Landes (13, 28). Um für die Zukunft neue Mißstände zu verhindern, verpflichtete Nehemia das Volk durch einen Vertrag (Neh. 10). Die nach einzelnen Gruppen in Priester, Leviten und Häupter des Volkes eingeteilten Bundeskontrahenten geloben Nehemia, in den Geboten JHWH's zu wandeln (10, 30), und nehmen folgende Verpflichtungen auf sich: Keine neuen Mischehen (10, 31), Wahrung der Sabbatheiligung (10, 32), Tempelsteuer und Sorge für die Opfer (10, 33—35). Ablieferung der Erstlinge und des Zehnten (10, 36—39). Über das Ende von Nehemias Tätigkeit in Jerusalem erfahren wir nichts.

Nehemia wird uns als ein kluger, seinem Gotte tief ergebener Mann geschildert, der das angenehme Leben am persischen Hofe gegen die dornenvolle Aufgabe vertauschte, in Jerusalem Ordnung zu schaffen, eine Tätigkeit, die Mut und Sinn für Realitäten erforderte. Sein starkes soziales Gefühl entsprach seiner religiösen Überzeugung und seinem Gottesglauben (Neh. 5, 6 ff., 14 f.).

War Nehemia der Mann, der sich um die äußeren Verhältnisse kümmerte (und der, nur weil diese mit der allgemeinen Verwilderung in Zusammenhang standen, auch kultische Fragen zu behandeln hatte), so sollte Esra vor allem das religiöse Leben regeln.[111])

---

111) Der oder die Verfasser der Chronikbücher haben auch die alttestamentlichen Bücher Esra und Nehemia in der uns heute vorliegenden

Das Ernennungsschreiben des persischen Königs für Esra (Esr. 7, 12—26) bietet uns einen Anhaltspunkt über dessen Person und Auftrag: Esra wird als Priester und (persischer) „Staatsbeauftragter[112]) für jüdische Angelegenheiten" vorgestellt (wörtlich: Sofer — Schreiber des Gesetzes des Himmelsgottes.[113]) Er erhält nun folgende Aufgaben (Esr. 7, 11 ff.): Esra möge eine Untersuchung über die

---

Form geschaffen. Sie stützten sich dabei auf Quellen: Auf die Denkschrift des Nehemia und auf Aufzeichnungen des Esra, die aber zahlreiche Lücken aufweisen. Daher treten hier chronistische Bearbeitungen sowie nachchronistische Zusätze stärker in Erscheinung als bei dem Bericht über das Wirken des Nehemia. Zu den komplizierten Problemen der Geschichtsschreibung in den Büchern Esra/Nehemia vgl. neben den oben genannten Arbeiten Alt, II, S. 331 ff.; 346 ff.; Bickermann, PbJ, S. 78 ff.; Galling, ZDPV, 70, 1953, S. 26 ff.; Eissfeldt, Einleitung², S. 669 ff.

112) Die Übersetzung des Wortes „Sofer" mit „Schriftgelehrter" in bezug auf Esra ist eine späte Deutung, die den terminus technicus der reichsaramäischen Amtssprache nicht beachtet. Esra wird daher weder als „Verfasser des Gesetzes des Himmelsgottes", noch etwa als dessen gelehrter „Kenner" oder „Ausleger" bezeichnet, sondern als ein persischer Beamter mit einem bestimmten Geschäftsbereich, der wie Šešbazzar und Serubbabel vor ihm, nur sachlich und zeitlich begrenzte Vollmachten erhielt. Vgl. H. H. Schaeder, Esra der Schreiber, 1930, S. 39 ff.

113) Die Bezeichnung JHWH's als „Himmelsgott" ist eine Assimilation an persischen Sprachgebrauch. Der Gottesnahme JHWH wird vom 5. Jahrhundert an nur noch im Tempeldienst und bei der Eidesleistung ausgesprochen. Später tritt dann an die Stelle des Tetragramms JHWH die Bezeichnung Elohim (Gott) und Adonaj (mein Herr). In der griechischen Epoche wurde dann die Gottesbezeichnung Elohim als recht passend empfunden, da sie dem philosophischen Begriff des höchsten Seins - „ho theos", der Gott, „to theion", das Göttliche, entsprach, wobei dann für JHWH das griechische Wort „Kyrios" (ein juristischer Ausdruck, der den rechtmäßigen Besitzer bezeichnet), verwendet wurde, weil das Substantiv Kyrios sonst nicht in der religiösen Sprache im Griechischen gebräuchlich war. Im 3. Jahrhundert wurde zum besseren Verständnis für die Griechen JHWH mit „hypsistos", der Höchste, umschrieben. Vgl. Bickermann, PbJ., S. 96 f. In einem aramäischen Briefe aus dem späten 7. oder frühen 6. Jahrhundert, den der König von Aškalon an den ägyptischen König (vermutlich Necho II., 605—595) schreibt, wird auch der „Himmelsgott" (Baalšemain) erwähnt. Aus diesem Brief geht hervor, daß: 1. das Aramäische bereits vor der Perserzeit die „Diplomatensprache" war, 2. Baalšemain damals offenbar die Funktion der kanaanäischen Götter Baal und El übernommen hatte (vgl. Dupont-Sommer, Semitica I, 1948, S. 43 ff.; Ginsberg, BASOR, 111, 1948, S. 24 ff.; Bright, BA, XII, 2, 1949, S. 46 ff.). Doch ist zu beachten, daß Baalšemain (oder Baalšamem) bereits im 14. Jahrhundert auf den syrischen Sturmgott angewendet wurde (vgl. Eissfeldt, ZAW 57, 1939, S. 1 ff., Albright, Steinz., S 233).

religiösen Verhältnisse in Jerusalem und Judäa anstellen, und er dürfe dazu jeden in Babylon lebenden heimkehrwilligen Juden mitnehmen. Dieser Auftrag bedeutet zunächst, daß Esra zu prüfen hat, inwieweit in jenen Gebieten das jüdische Gesetz noch in Anwendung ist. Ferner hat er die persischen Subsidien für den Tempel und die Spenden der babylonischen Juden mitzunehmen; davon soll er das für die Opfer Notwendige kaufen. Die darüber hinaus für den Tempel benötigten Mittel kann Esra sich bis zu einem genau festgesetzten Betrage von dem für die Provinz zuständigen Schatzmeister beschaffen. Schließlich hat Esra dafür Sorge zu tragen, daß nach Vorschrift des jüdischen Religionsgesetzes Richter eingesetzt und die Unkundigen in der jüdischen Lehre unterwiesen werden. An der Echtheit dieses Ediktes (Esr. 7, 12—26) ist heute nicht mehr zu zweifeln! Die Selbstverwaltung der Provinzen war ja im persischen Reiche üblich und für die Aufrechterhaltung der Ordnung sogar wünschenswert, diese ließ sich am besten durch einheimische Gesetze gewährleisten, die dann jedoch durch die Anwendung in der persischen Satrapie Transeuphrat (Judäa) zum Königsgesetz wurden (Esr. 7, 26).[114])

Esra begann seine Tätigkeit damit, daß er am festlichen Neujahrstage (7. Monat, 1. Tag, vgl. Neh. 8, 1 ff.) aus der von ihm aus Babylon mitgebrachten Lehre dem Volke vorlas. Es handelte sich offenbar um ausgewählte gesetzliche Pentateuchtexte („Buch der Thora des Mose", Neh. 8, 1). Die Vorlesung beeindruckte das Volk, weil es sich dessen bewußt wurde, in welchem Abstand es bis jetzt von dieser Weisung gelebt hatte, und die auf deren Übertretung stehenden Strafen fürchtete. Die Vorlesung wurde den des Hebräischen nicht mehr kundigen Zuhörern durch die Leviten ins Aramäische übersetzt (Neh. 8, 8). Der Gesetzesverkündigung folgte die Feier des Neujahrstages als Freudenfest (Freude an JHWH) (Neh. 8, 9 ff.). Am

114) Es ist vielleicht bemerkenswert, daß Iran bis zur Zeit der Arsaciden (ca. 250 v. Chr.—229 n. Chr.) meist in freundschaftlichen Beziehungen zu Juden und zur jüdischen Religion stand.

nächsten Tage wurde das Laubhüttenfest begangen, an dem wieder eine Schriftvorlesung, dieses Mal aber vor einem kleineren Kreise, stattfand (Neh. 8, 13 ff.).

Ein schwieriges Problem war die Mischehe. Daß in einer ohnehin religiös und kultisch verwahrlosten Gemeinde die zahlreichen Eheschließungen mit Frauen umwohnender Völkerschaften zu weiterer Schwächung der JHWH-Religion führten, ist selbstverständlich. Esra mußte daher versuchen, auf die eine oder andere Weise dieses Problem zu lösen. Es ist anzunehmen, daß er hierbei, ebenso wie Nehemia, auf die Dauer keinen Erfolg hatte.

Das Prinzip, durch die Befolgung der Thora ein Unterscheidungsmerkmal zwischen Juden und Nichtjuden zu schaffen, wurde für die Zukunft des Judentums von entscheidender Bedeutung. Dieser Grundsatz entstand nicht aus Feindschaft gegenüber Nichtjuden, obwohl gerade diese an der Trennung oft Anstoß nahmen und sie zum Anlaß von Animosität gegenüber Juden machten. Das Festhalten an der Thora gewährleistete schließlich das Weiterleben des Judentums.

Bis in die Königszeit hinein war die Mischehe nicht verboten, erst der Kampf gegen die Baal-Religion und den religiösen Synkretismus bewirkt teilweise eine veränderte Einstellung zu diesem Problem, doch findet sich noch im Deuteronomium (21, 10 ff.) Verständnis für die Mischehe. Von „rassischen" Erwägungen hat sich Esra bei seiner Ablehnung der Mischehe nicht leiten lassen. Ihm ging es darum, daß die religiöse Substanz der Juden Judäas nicht noch mehr geschwächt würde, das Volk sollte „ein heiliger Same" (Esr. 9, 2), ein „heiliges Volk seinem Gott" (Dt. 7, 6) sein. Die in Esr. 10, 18 ff. erhaltene Liste führt 109 Fälle von Mischehen auf; aus Neh. 13, 23 ff. wissen wir, daß sie nur in einzelnen Fällen aufgelöst wurden. Die einzige Möglichkeit, überhaupt etwas zu ändern, sah Nehemia daher in der Ermahnung für die Zukunft. Trotz dieses Versuches der Anwendung konkreter Maßnahmen in einer bestimmten historischen Situation darf nicht übersehen werden, daß im Zeitalter Esras und längst schon vorher ganz andere Vorstellungen wirksam gewesen sind: „Denn mein Haus soll ein Gebetshaus heißen für alle Völker, ist der Spruch JHWH's ..." (Jes. 56, 7f.). Und ein in Jerusalem wirkender Prophet meint das gleiche, wenn er sagt: „In jenen Tagen, da ergreifen zehn Männer aus allen Zungen der Völker den Rocksaum eines judäischen Mannes und sprechen: Wir wollen mit euch gehen, denn wir haben gehört, JHWH ist mit euch!" (Sach. 8, 23). Und etwa 100 Jahre vor Esra hatte der im Exil in Babylon wirkende Deuterojesaja (ca. um 540), den Universalismus des einen Gottes gelehrt: „Wendet euch zu mir, und laßt euch retten alle Enden der Erde, denn ich bin Gott und keiner sonst" (Jes. 45, 22).

Es ist in diesem Zusammenhang bemerkenswert, daß im Zeitalter Esras in Rom schwere Kämpfe wegen der Frage ausgefochten wurden, ob Patrizier Plebejerinnen (und vice versa) heiraten können und ob ein Kind aus einer solchen Ehe als römischer Vollbürger anzuerkennen sei (Livius, IV, 1 ff.; Cicero, De republica, II, 37). Etwa zur gleichen Zeit setzte Perikles in Athen ein Gesetz durch, daß athenischer Bürger nur sein kann, wer von zwei Elternteilen mit athenischem Bürgerrecht abstamme.

Die rabbinische Überlieferung hat von Esra eine Erinnerung bewahrt, die wahrscheinlich weitgehend mit der historischen Wirklichkeit übereinstimmt: Einst, so heißt es, war die Thora vergessen, da kam Esra aus Babylon und begründete sie aufs neue (b. Sukka 20a).[115] Als er in Jerusalem eintraf, hatte Nehemia zwar manches bereits in Ordnung bringen können, aber von der dortigen Situation konnte noch immer das Wort der Klage gelten: „JHWH hatte getan, was er ersonnen, sein Wort erfüllt, das er seit undenklichen Zeiten angedroht (Klagel. 2, 7)." Die Hoffnung der Propheten hatte sich nicht erfüllt. Kein Wunder war geschehen; statt des Reichtums aller Völker, der zusammenströmen sollte (Jes. 60, 5 ff.), gab es Not und Mißernte. Esras Aufgabe bestand darin, einer religiös verwahrlosten Gemeinde ihre Würde und die von der jüdi-

115) Vgl. Elbogen, Esra (in: Entwicklungsstufen der jüd. Religion), 1927, S. 13 ff. Vgl. ferner zur geistigen Mission Esras und seiner Nachfolger, Schaeder, Esra der Schreiber, 1930, S. 3 f.: „Sie waren der Überzeugung, daß der Geist nur fruchtbar wirkt, wo er sich ans Wort bindet, und daß die Gesinnung nur taugt, wenn sie sich in geordnetem Handeln auswirkt ... Ist Ordnung nicht Geist?"

schen Lehre geforderte Heiligkeit wiederzugeben. Dies konnte nur geschehen, indem er den Juden das Buch der Thora brachte und das Volk auf sie verpflichtete. Zu seiner Zeit ist das Judentum eine Religion des Buches geworden. Esra hat die Bewegung, die dazu geführt hat, nicht eingeleitet, ihr aber zum Durchbruch verholfen. Es liegt in der Natur unglücklich gewordener Völker, daß sie rückwärts schauen, sich in die besseren Tage der Vergangenheit zurückversetzen. Das haben auch die Juden im babylonischen Exil getan, indem sie sich in das Vermächtnis ihrer Väter vertieften.

Esras Streben, die Thora zum Element des Lebens zu machen, hat neue Formen der Gemeinschaft geschaffen; ihm verdankt die religiöse Laiengemeinde ihr Dasein.[116]) In den von ihm zuerst in Palästina nach dem Vorbilde der babylonischen Gemeindezusammenkünfte eingeführten Versammlungen wird aus der in die aramäische Umgangssprache übertragenen heiligen Schrift (vgl. Neh. 13, 24) zunächst nur an ausgezeichneten Tagen, späterhin regelmäßig an Sabbaten und schließlich an den zwei wöchentlichen Markttagen vorgelesen, erst nur aus dem Pentateuch, dann auch aus den Propheten. Es ist das erste Beispiel, daß die heiligen Schriften eines Volkes den Privilegierten entzogen und zum Besitz der gesamten Gemeinde werden.[117])

Unsere Kenntnisse von der politischen Geschichte Judäas und seiner geistigen Situation in der persischen Zeit sind gering. In ihr vollzieht sich die Umwandlung des Tempels vom Heiligtum des Königs (in vorexilischer Zeit) zum Kultmittelpunkt der Gemeinde; ferner beginnt nun die in der persischen Epoche zum Kanon sich entwickelnde heilige Schrift das religiöse Leben zu bestimmen. Die Redaktion des Pentateuch ist wohl im Zeitalter nach Esra abgeschlossen worden, wobei die Verbringung des „Ge-

116) Vgl. Baron I, S. 140 ff.

117) Vgl. Bickermann, Pb. J., S. 76.

setzes des Himmelsgottes" nach Jerusalem eine Etappe jener Entwicklung bedeutet haben mag.

Politisch blieb Judäa zunächst persische Provinz; Münzen aus jener Zeit tragen die Aufschrift „jhd" (Judäa).[118]) Die Wiederbesiedlung scheint nur langsam vor sich gegangen zu sein; erst im 3. Jahrhundert erlangt das Land wieder eine der vorexilischen Zeit vergleichbare Bevölkerungsdichte.[119])

Auch Josephus weiß über die Perserzeit nur die Episode eines Priesterstreites in Jerusalem zu berichten (Ant. 11, 7, 1). Danach hätte Josua, der Hohepriester, einen seiner Brüder namens Johanan im Tempel erschlagen, da dieser sich selbst zur Würde des Hohenpriesters berufen glaubte. Diese Untat soll Strafmaßnahmen für ganz Judäa zur Folge gehabt haben.

13. Die Juden von Elephantine

Die Papyri von Elephantine vermitteln uns Kenntnis von einer jüdischen Gruppe außerhalb Palästinas im 5. Jahrhundert v. Chr.

„An meine Brüder Jedonja und an seine Amtsgenossen, die jüdische Garnison, Euer Bruder Hananja",[120]) so beginnt einer der Papyri der jüdischen Militärkolonie von Elephantine, der an der Südgrenze Ägyptens am 1. Katarakt des Nils liegenden Insel. Wann diese Kolonisten dorthin gekommen sind, ist noch immer ungeklärt; spätestens seit der Mitte des 6. und frühestens im 7. Jahrhundert hatten sie ihren Wohnsitz in Syene[121] (Assuan).

Der erste aramäische Papyrus stammt aus dem Jahre 495; zu dieser Zeit waren die Juden in Elephantine schon

118) Albright, A. P., S. 142 f.; Wright, Biblical Archaeology, S. 202 f.

119) Noth, S. 310 ff.

120) Vgl. Cowley, Aramaic Papyri of the fifth Century B C., 1923, Nr. 21.

121) Vgl. E. G. Krealing, The Brooklyn Museum Aramaic Papyri, 1953, S. 42 ff. (Diese Arbeit enthält auch einen vorzüglichen Uberblick über den Stand der Forschung an den Elephantinepapyri mit zahlreichen Literaturhinweisen.)

vollkommen aramaisiert. Sie waren bereits vor der Übernahme der Herrschaft durch die Perser (525) dort ansässig gewesen, denn aus einem Papyrus geht hervor, daß der Tempel der Kolonisten schon bestand, als noch ägyptische Könige über Elephantine regierten (Cowley Nr. 30). Die Kolonisten sind wahrscheinlich als Söldner dorthin gekommen; eine landwirtschaftliche Betätigung für eine größere Zahl von Menschen ist auf der Nilinsel nicht möglich. Als Soldaten waren sie privilegiert, einen eigenen Tempel zu besitzen; im übrigen wurde in jener Gegend der ägyptische Gott Chnum verehrt. Priester dieses Gottes ließen etwa 410 den jüdischen Tempel zerstören. Ursache dafür waren vermutlich eher politische als religiöse Gründe.[122]) Als nämlich die Juden einst nach Elephantine kamen, halfen sie im Dienste einheimischer Herrscher die ägyptische Bevölkerung von Assuan gegen Einfälle der Äthiopier zu schützen. Als jedoch die Juden nach der persischen Eroberung der Insel in persische Dienste traten, wurden sie in den Augen der einheimischen ägyptischen Bevölkerung mit den Persern zusammen zu einem feindlichen Element.

In eine direkte Beziehung zu Judäa kommen die jüdischen Kolonisten durch ihre Bitte an den persischen Statthalter von Judäa Bagoas (407), er möge den Wiederaufbau ihres Tempels erlauben. [123]) In jenem Briefe wird auch erwähnt, daß die Juden von Elephantine bereits früher sich an den Hohenpriester Johanan (vgl. Neh. 12, 22 f.) und an die Vornehmen in Jerusalem gewandt hatten, ohne von diesen aber Antwort zu erhalten. Die Jerusalemer Gemeinde war gewiß nicht an einem nach dem deuteronomischen Gesetze ohnehin verbotenen Tempel in Ägypten interessiert. Bagoas empfahl dann auch den

122) Vgl. G. D. Driver, New Aramaic Documents of the fifth Century B. C., 1953, S. 5 und Brief 7, S. 23. Wahrscheinlich benutzten die Ägypter die Abwesenheit des persischen Satrapen Arscham in den Jahren 411—10 zu einem Aufstand, in dessen Verlauf der jüdische Tempel zerstört wurde (Cowley, Nr.30, ANET, S. 492). Vgl. auch Cazelles, Syria 32, 1955, S. 75 ff.

123) Cowley, Nr. 30; ANET, S. 492.

Wiederaufbau des zerstörten Tempels; allerdings durften Tieropfer nicht dargebracht werden. Mit einem solchen Kompromiß kam man sowohl der Jerusalemer Gemeinde als auch der ägyptischen Priesterschaft, die zu jener Zeit eine Reihe von Tieren verehrte, entgegen. Das Ende der jüdischen Kolonie bleibt wie ihr Anfang im Dunkeln. Aus den Papyri kann man entnehmen, daß die Juden wohl einige Jahre nach dem Beginn der neuen ägyptischen Oberherrschaft über die Insel vertrieben worden sind. Die Kolonisten mögen sich dann andern jüdischen Gemeinden in Ägypten angeschlossen haben.

Daß die jüdische Kolonie in Elephantine trotz des Verbotes im Deuteronomium einen eigenen Tempel unterhielt, ist nicht besonders erstaunlich, zumal selbst in Jerusalem zur Zeit des Jeremia Riten vollzogen wurden, die nicht der JHWH-Religion entsprachen (Jer. 7, 18; 19, 13; Ez. 8, 14 ff.). Von weit größerer Bedeutung ist jedoch die Tatsache, daß neben JHWH (der in den Papyri als Jahu vorkommt), noch andere Gottheiten im Tempel zu Elephantine erscheinen: Ešembethel und Anathbethel;[124]) und ein Mann mit eindeutig jüdischem Namen schwört bei der Gottheit Herembethel (Cowley, Nr. 7). Wir haben hier also einen deutlich ausgeprägten religiösen Synkretismus vor uns,[125]) wobei freilich ins Gewicht fällt, daß Jahu der Hauptgott dieser jüdischen Kolonisten ist, die sich durchaus als zur israelitischen Religion zugehörig fühlen[126]) und auch z. B. das Mazzot-Fest feiern (Cowley,

---

124) Vgl. Cowley, Nr. 87; Albright, ARI, S. 168 f.; Kraeling, S. 87 ff.

125) Vgl. Eduard Meyer, Der Papyrusfund von Elephantine, 1912, S 60: „Sie (die andern Gottheiten in Jahus Tempel) sind seine Diener und Werkzeuge, ihm untergeordnete Numina des „Himmelsheeres", an dessen Spitze der „Jahwe der Heerscharen" steht; daher wohnen sie in seinem Tempel ebenso wie die Götter, deren Altäre Josia auf Grund des neuen Gesetzes aus dem Tempel von Jerusalem entfernte. Eben diesen vorgesetzlichen Kultus der jüdischen Volksreligion lernen wir hier in Elephantine kennen."

126) Vgl. etwa die Bezeichnung: „Ananiah, Sohn des Azariah, l ḫ n (Diener?) des Jahu, des Gottes, der in der Festung Jeb ist." (Kraeling, Papyrus II, Z. 2; III, Z. 3; IV, Z. 2. Oder: „Meschullam, Sohn des Sakkur, des Juden der Festung Jeb" (V, 2), vgl. XI, 1 f.).

Nr. 21). Der persische König Darius II. (425—405) erteilt den Juden durch seinen Satrapen über Ägypten, Arscham (428—408), die Anweisung zur Feier des Mazzot-Festes, ein Vorgehen, das der persischen Haltung gegenüber Esra und Nehemia entspricht.

Obwohl es sich bei den meisten in Elephantine gefundenen Papyri nur um Rechtsurkunden handelt, kann man aus ihnen einen gewissen Einblick in die inneren Verhältnisse der jüdischen Kolonie gewinnen. Eine Reihe von Namen der Mitglieder der Kolonie sind „jüdisch", d. h. sie enthalten am Schluß das theophore Element -ja (Kurzform von -jahu), z. B. Jedonja, oder sind sonst bei Juden belegt.[127]) Die jüdischen Truppen waren in Kompagnien eingeteilt, die von Babyloniern oder Persern kommandiert wurden. Ihre Bezahlung erhielten die Soldaten aus der persischen Schatzkammer. Im übrigen führten sie ein Leben als Zivilisten, was z. B. aus ihrer Geschäftstätigkeit hervorgeht: Kauf und Verkauf von Grundstücken, Vergabungen, Heirats- und Scheidungsverträge, Abmachungen über Kauf, Verkauf und Befreiung von Sklaven, Zinsgeschäfte verschiedener Art. Daneben erfahren wir aus den Papyri auch von Prozessen, z. B. Streitigkeiten nach dem Tode einer Person, aber auch Anschuldigungen wegen Diebstahls. Daß Frauen als juristische Personen auftreten können, wirft ein Licht auf ihre offenbar recht gehobene soziale Stellung innerhalb der Kolonie. Die Juden tätigen ihre Geschäfte sowohl mit Glaubensgenossen als auch mit Angehörigen anderer Nationen. Aus den Heiratsverträgen ist das Vorkommen von Mischehen ersichtlich.[128])

---

127) Vgl. die Liste der Eigennamen bei Krealing, S. 305 ff.

128) Vgl. Kraeling, Papyrus II, Z. 2 f.: Ananiah, Sohn des Azariah, heiratet die Ägypterin Tamut (oder Tpmt), die in Papyr. XII, 2 als „Dienerin" (?) des Jahu bezeichnet wird, also offensichtlich den Kult ihres Ehemannes angenommen hat, obwohl sie rein ägyptischer Abstammung ist: Tochter des Pethu. Tamuts Tochter trägt den Namen Jehojišma' (Jahu hört), (vgl. Papyr. V); der Vater dieses Mädchens war vermutlich Ananiah b. Azariah (vgl. VI, 2 f.).

14. Judäa im Zeitalter der Ptolemäer und Seleukiden

Über die makedonische Eroberung Palästinas finden wir im A.T. keinen Bericht mehr; es schließt mit der Epoche Esras und Nehemias ab. Die Makkabäerbücher greifen nicht auf die Alexander-Zeit zurück. So müssen wir uns für die wichtigsten Tatsachen an die allgemeine Geschichte halten. Nach dem Siege Alexanders bei Issus über Darius III. Codomannus (333), zog Alexander der syrisch-palästinensischen Küste entlang,[129]) um Ägypten zu erreichen. In Palästina leisteten nur Gaza und Samaria Widerstand, das daraufhin mit einer makedonischen Kolonie belegt wurde. Auf dem Rückweg von Ägypten zog Alexander ein zweites Mal durch Syrien und Palästina in das Zweistromland, und bei Gaugamela und Arbela errang er den entscheidenden Sieg über die Perser. In Judäa scheint sich der Übergang von der persischen zur makedonischen Oberherrschaft ohne Schwierigkeiten vollzogen zu haben. Nach dem Tode Alexanders (323) fiel Palästina zunächst Ptolemaios I.[130]) (305—285) zu, der in Ägypten residierte. Über das nördliche und mittlere Syrien mit dem neugegründeten Antiochia am unteren Orontes[131]) als Mittelpunkt herrschten die Seleukiden (so genannt nach Seleukos I. 312—280). Diese betrachteten Palästina als zu ihrem Herrschaftsgebiet gehörig, und so wechselte es zwischen 323 und 301 fünfmal seinen Besitzer, zumal es als Bindeglied zwischen dem Seleukidenreich und Ägypten von besonderer Bedeutung war.

Über einen bestimmten Abschnitt dieser Periode ständiger Kämpfe berichtet Josephus (Cont. Ap. I, 209 ff.; Ant. 12, 1, 1), wobei wir erfahren, daß sich viele Juden,

129) Der Bericht des Josephus (Ant. 11, 8, 5 ff.) über den Alexanderbesuch in Jerusalem ist unhistorisch; Alexander war niemals dort.

130) Eine vollständige Liste sämtlicher Ptolemäer und Seleukiden mit ihren Regierungsdaten findet man bei Finegan, S. 207 f.

131) Seit der Gründung dieser Stadt lebten dort Juden in beträchtlicher Anzahl, wenngleich sie auch niemals eine gleiche Bedeutung wie in Alexandrien erlangten. Vgl. C. H. Kraeling, JBL, 1932, S. 130 ff.; Metzger, BA, 11, 1948, S. 81 f. Über das Diasporajudentum vgl. Ricciotti, Gesch. Israels II, 1955, S. 219 ff.

freiwillig oder unfreiwillig, nach Ägypten begaben und auch in Alexandrien angesiedelt wurden. Von 301 (Schlacht bei Ipsos) bis 198 blieb Palästina unter der Herrschaft der Ptolemäer, bis dann Antiochus III. (223—187) sich endgültig Palästinas bemächtigen konnte (198 Schlacht bei Paneas).

Die ptolemäischen und die seleukidischen Regierungen beruhten auf den gleichen Prinzipien, und es konnte daher für Judäa und Jerusalem von nicht allzu großer Bedeutung sein, wem sie untertan waren, da bereits seit Alexander die hellenistische Kultur und Zivilisation sämtliche seiner Nachfolgereiche geistig einte. Die griechische Kultur war von Hause aus überstaatlich, weil die Griechen niemals einen Einheitsstaat aufgebaut hatten. Die neuen Staaten im Osten, in den Eroberungszügen des griechischen Volksstammes der Makedonen entstanden, wurzelten in der gemeinhellenischen Kultur, gleichgültig, ob diese am Nil oder am Euphrat gepflegt wurde.

Seit der Perserzeit hatte sich der Grundsatz durchgesetzt, daß unterworfene Völkerschaften am besten zu regieren seien, wenn man ihnen innere Freiheiten gewährte. Dieses Prinzip wandten auch die Ptolemäer in Palästina an, zumal sie ihres Rechtstitels für die Machtausdehnung nach Palästina ohnehin nicht sicher waren und daher die Treue seiner Bewohner in besonderem Maße benötigten. In Jerusalem lagen Besatzungstruppen, die Stadt hatte aber keinen ptolemäischen Statthalter, so daß die innere Verwaltung allein den Juden oblag, wobei ein aus Laien und Priestern zusammengesetzter „Ältestenrat" unter der Präsidentschaft des Hohenpriesters die Leitung inne hatte. Auch das Recht der eigenen Münzprägung wurde der jüdischen Provinz zugestanden.[132]) Die Zeit

132) Sowohl den Ptolemäern als auch den Seleukiden hatte Judäa hohe Steuern abzuliefern. Die Seleukiden werden vermutlich die Steuergesetzgebung von den Ptolemäern übernommen haben. Hinweise auf die Steuererhebung finden sich z. B. im Edikt Antiochus III. (Ant. 12, 3, 3), wo von der Kopfsteuer, der Abgabe für die Krone „und jeder anderen Steuer" die Rede ist. Vgl. M. Rostovtzeff, The Social and Economic History of the Hellenistic World I, 1941, S. 467 ff.

der Ptolemäerherrschaft ist für das Judentum im wesentlichen durch zwei Ereignisse bedeutsam geworden: 1. Die endgültige Trennung der samaritanischen Gemeinde von der Kultgemeinde in Jerusalem; 2. die verstärkte Niederlassung von Juden in Ägypten, besonders in Alexandrien, das in der Zukunft immer mehr zum zweiten Zentrum jüdischen Lebens werden sollte.

Der genaue Zeitpunkt der Trennung Samarias von Jerusalem ist nicht mehr genau zu bestimmen,[133]) die Wurzeln dieses Schismas reichen jedoch weit in die israelitische Geschichte zurück und wurden sichtbar, als das Nordreich Israel sich von Juda nach dem Tode Salomos trennte. Aber auch diese Trennung war nur die Konsequenz eines bereits längst vorher im Bewußtsein der Bevölkerung vorhandenenTatbestandes: der Sonderart der Nord- und Zentralstämme. Nur durch die Wirkung der Persönlichkeit Davids, aus der noch Salomo Nutzen zog, wurde die Kluft innerhalb des alt-israelitischen Stämmeverbandes für knapp ein Jahrhundert überbrückt. Mit der politischen Entwicklung hängt die kultische eng zusammen: Jerusalem war politisch mit dem Südreich Juda so eng verbunden, daß sich die nord- und mittelpalästinensischen Stämme zwangsläufig wieder ihren alten Heiligtümern in Bethel Gilgal, Silo und Sichem zuwandten. Nach der Zerstörung des Jerusalemer Tempels (587) waren die alten Kultstätten der israelitischen Volksreligion weiter bestehen geblieben und wurden nach wie vor aufgesucht, zumal die Bevölkerung von Samaria in der frühen nachexilischen Zeit wegen ihrer Völkermischung als kultisch „Unreine“ (Hag. 2, 10 ff.) keinen Anteil am Tempelaufbau und -dienst erhielt. Seit 722 (Besiedlung Samarias mit assyrischen Kolonisten) waren die zum ehemaligen

133) Die Angabe des Josephus (Ant. 11, 8, 2 ff), die Trennung von Jerusalem und Gründung eines eigenen Heiligtums auf dem Garizim sei zur Zeit Alexanders erfolgt, doch schon unter der Herrschaft des letzten Perserkönigs geplant gewesen, kann historisch sein. Vgl. Alt, II, S. 357 ff.; Stadtstaat Samaria, S. 63 f.; Bickermann, Pb. J., S. 86 ff.; Rowley, Bull. John Rylands Library, 38, 1955, S. 166 ff.; Parrot, Samarie, 1955, S. 71 ff.

Reiche Israel gehörigen Gebiete einer anderen religiösen Entwicklung als Judäa unterworfen, wo sich nach 587 in entscheidender Weise Einflüsse aus der babylonischen Gola geltend machten. Daß dann das endgültige Schisma im Zeitalter Alexanders ausbrach, erklärt sich u. a. aus der Besiedlung Samarias durch Makedonier (332). Die Einheimischen gründeten auf dem Berge Garizim nahe dem alten Heiligtum von Sichem einen neuen kultischen Mittelpunkt, um dadurch von Jerusalem völlig unabhängig zu werden; daß die hellenistischen Neusiedler sich an diesem Kulte auf dem Garizim beteiligten, ist kaum anzunehmen. Im Gegensatz zu Samaria erhielt Jerusalem in der Perserzeit von der persischen Regierung Subsidien und wurde überhaupt stark bevorzugt. So war das Ende der persischen Oberherrschaft wohl der geeignete Zeitpunkt für eine radikale Kulttrennung.

Als Alexander oder sein Reichsverweser Perdikkas Samaria mit einer makedonischen Militärkolonie neu besiedelte, wurde Samaria zur ersten hellenistischen Stadt auf palästinensischem Boden.

15. Die Juden in Ägypten

Noch vielschichtiger als die Beziehungen Samarias und seiner Umgebung zu Jerusalem ist das Verhältnis Israels (womit hier die Gesamtheit des ehemaligen israelitisch-judäischen Stämmeverbandes gemeint ist) zu Ägypten.[134]) Seit der Ansiedlung der hebräischen Stämme in Ägypten und dem Exodus spielte dieses Land eine entscheidende Rolle in der israelitischen Geschichte. Nach der Zeit seines Niederganges, als das assyrische Großreich auch Juda und Israel seinem Einfluß unterwirft, tritt es wieder stark in das Blickfeld: Ägypten steht zu jener Zeit als ständige Hoffnung im Hintergrund, enttäuscht aber immer wieder

134) Vgl. Tcherikover, The Jews in Egypt in the Hellenistic-Roman Age in the Light of the Papyri, 1945; Marcus, Hellenistic Jewish Literature (in: The Jews), 1949, S. 745 ff.; Pfeiffer, History of New Testament Times, 1949, S. 172 ff.; Baron, I, S. 110 f.; 165 ff.; 188 ff.; Bell, Cults and Creeds in Graeco-Roman Egypt, 1954, S. 25 ff.

wegen seiner mangelnden Einsatzbereitschaft[135]) und dient bestenfalls als Asylland für einzelne politische Flüchtlinge. Nach 587 ist es dann sogar Ziel einer größeren Gruppe von Judäern. Bereits vorher hatte sich die jüdische Militärkontrolle in Elephantine gebildet (vgl. oben S. 87 ff.). Auch im A. T. sind ägyptische Einflüsse unverkennbar: die ägyptische Weisheitsliteratur erfreute sich in Israel hohen Ansehens und beeinflußte die entsprechende israelitische.[136])

Auf die Eroberung Ägyptens durch Alexander folgte eine beträchtliche jüdische Einwanderung dorthin, wovon Papyri der Ptolemäerzeit Zeugnis ablegen. In der Zeit der Religionsverfolgungen unter Antiochus IV. schwillt dann der Strom der Immigranten besonders an.

„Das Land außerhalb Palästinas ist unrein" (b. Šabbat 14b; j. Pes. I, 6). Mit dieser Bestimmung wollten Jose ben Joeser und Jose ben Johanan (ca. 165 v. Chr.) der Auswanderung aus Palästina Einhalt gebieten. Wie oft im Talmud bedienen sich die Lehrer hier einer religiös gefärbten Sprache; gemeint ist jedoch ein damals politisch höchst aktuelles Phänomen.

Die Juden in Ägypten lebten freiwillig in bestimmten Quartieren, abgesondert von der übrigen Bevölkerung (so in Alexandrien, Arsinoe, Hermopolis, Edfu), um bequemer ihren religiösen Vorschriften gemäß leben zu können. Einen behördlichen Absonderungszwang gab es jedoch nicht, und in den bürgerlichen Rechten waren sie, zumindest in der ptolemäischen Zeit, als Individuen in keiner Weise gegenüber Makedoniern und Griechen benachteiligt. Daß die jüdische Gemeinde als Ganzes das Bürgerrecht in Alexandrien gehabt hätte (Ant. 12,

135) Sogar noch unter Artaxerxes III. (358—336) sind Juden aus Palästina an das Kaspische Meer verbannt worden, weil sie gegen Persien und mit Ägypten konspiriert haben. Vgl. Bickermann, Pb. J., S. 73., Baron, I, S. 131; 354.

136) Vgl. W. Baumgartner, Israelitische u. Altorientalische Weisheit, 1933, S. 12 ff., sowie ders. The Wisdom Literature (in: The Old Testament and Modern Study, 1951, S. 210 ff.), vgl. ferner Wisdom in Israel and in the Ancient Near East, Suppl. V. T. III, 1955, S. 16 ff.; 293 ff. u. a.

3, 1; Bell. Jud. VII, 5 2), kann nach reiflicher Auswertung der Befunde nicht mehr behauptet werden.[137])

Aus den Papyri erhalten wir Auskunft über die Berufsstruktur der Juden in Ägypten; wir finden sie als Soldaten der regulären ägyptischen Armee innerhalb der verschiedenen Regimenter; erst gegen das Ende des 2. Jahrhunderts (unter Ptolemaios VI. Philometor 180—145) gibt es eigene jüdische Einheiten unter dem Kommando von jüdischen Offizieren. Ferner werden Juden in den Papyri als Polizisten und Wachpersonal erwähnt, sowie als Staatsbeamte (vor allem Steuereinnehmer). Als Bauern und in den verschiedensten Formen der landwirtschaftlichen Betätigung finden wir sie über das ganze Land verteilt. Im Handel und Handwerk betätigen sie sich vor allem in Alexandrien (vgl. Philo, in Flaccum 57); allerdings sind dafür die Belege aus den Papyri recht gering. Die Juden waren in Palästina ein Bauernvolk und daher nicht für das in Ägypten bereits sehr entwickelte Handels- und Wirtschaftswesen geeignet. Als Bankiers und Geldverleiher treten Juden erst im 2. Jahrhundert auf, zumal das Bankwesen unter den Ptolemäern Staatsangelegenheit war.

Eine besondere Bedeutung erhielt die Übersetzung der Thora ins Griechische, die etwa in der Mitte des 3. Jahrhunderts in der ptolemäischen Königsstadt Alexandrien durchgeführt wurde. Dort hatten die Juden statt der hebräischen oder aramäischen die griechische Sprache angenommen und benötigten für die Schriftlesung in den Synagogen eine Thoraübersetzung.[138]) Die Legende zu dieser Übersetzung findet sich im Aristeasbrief (etwa zwischen 145—127 entstanden). Danach hätte Ptolemaios II. Philadelphos (284—247) sich für die jüdische Lehre inter-

---

137) Vgl. Bickermann, Pb. J., S. 91; Bell, S. 37; Baron I, S. 238 ff. Es ist nicht völlig ausgeschlossen, daß Josephus die Behauptung aufgestellt hat um ad hominem zu demonstrieren, welche staatsrechtlichen Möglichkeiten auch unter seinen Voraussetzungen geboten werden könnten.

138) Vgl. P. Kahle, The Cairo Geniza, 1947, S. 132—179.

essiert und Aristeas, einen hohen Hofbeamten, nach Jerusalem entsandt, wo ihm der Hohepriester sechs Älteste aus jedem der zwölf Stämme (also 72 Männer, daher die Bezeichnung „Septuaginta"), auswählte, die nun in Alexandrien in 72 Tagen die ganze Thora ins Griechische übersetzten. Wunderbarerweise stimmten alle 72 in jeder Einzelheit der Übersetzung überein. An dieser Legende ist nichts historisch bis auf die Tatsache, daß eine Thoraübersetzung ins Griechische etwa zur Zeit Ptolemaios II. in Alexandrien notwendig geworden war, die aber nicht von palästinensischen, sondern von ägyptischen Juden unternommen wurde.[139]) Diese Legende mag etwa um 100 v. Chr. dem Zwecke gedient haben, einer bestimmten Übersetzung zur Anerkennung zu verhelfen; es ist nämlich anzunehmen, daß seit dem 3. Jahrhundert eine Reihe von Varianten im Umlaufe war, wie die von der Septuaginta abweichenden Zitate bei Philo, Josephus und im Neuen Testament beweisen. Der Übersetzung der Thora folgten dann die andern Teile des A. T.; noch vor der Mitte des 1. Jahrhunderts v. Chr. war die ganze griechische Übersetzung des A. T. abgeschlossen.

Die griechische Bibel spielte eine wesentliche Rolle in der Geschichte der Zivilisation. Sie wurde nicht nur von den Juden Alexandriens, sondern von der Judenheit der gesamten griechisch-römischen Welt benutzt, und selbst Josephus zieht sie zu Rate. Sie liegt den Verfassern des Neuen Testaments und den Kirchenvätern vor, und die Alt-Lateinischen Übersetzungen des A. T. fußen auf der Septuaginta. Mit der Ausbreitung des Christentums schließlich wird die Septuaginta das Medium, durch das die Heidenwelt Kenntnis von der religiösen Erfahrung Israels erhält. Neben diesem missionarischen Ergebnis, das Juden wie später Christen zu nutzen verstanden, war die Septuaginta freilich auch für die innere geistige Situation des Judentums von Bedeutung.

---

139) Vgl. Kahle, Festschrift O. Eissfeldt, 1947, S. 165. Vgl. Albright BASOR 140, 1955, S. 27 ff.; F. Cross, BASOR 141, 1956, S. 11 f.

Durch die Übersetzung des Pentateuch und später der andern heiligen Schriften ins Griechische wurde nicht nur ein äußerlicher Wandel im Gebrauch einer Sprache vollzogen, sondern mit der griechischen Thoraübersetzung der hellenistischen Geisteswelt ein Weg in das Denken des Diasporajudentums eröffnet;[140]) das bedeutete zugleich eine deutliche Scheidung von der Jerusalemer Gemeinde, die sich bemühte, an die alten Traditionen anzuknüpfen, wie sie im Zeitalter Esras und Nehemias in der babylonischen Gola erhalten und entwickelt wurden.

16. Die Juden in Palästina unter der Herrschaft der Seleukiden

Als Antiochus III. (223—187) sich 198 Jerusalems bemächtigen konnte (nachdem er vorher die Ägypter bei Paneas geschlagen hatte), wurde er von den Juden in Jerusalem nicht unfreundlich aufgenommen; sie halfen ihm bei der Bekämpfung der ägyptischen Besatzung und versorgten seine Truppen mit Lebensmitteln. Mit diesen Gesten wollten die Juden offensichtlich ihre freundliche Gesinnung gegenüber dem neuen Oberherrn demonstrieren, da nun einmal entschieden war, wer über Jerusalem in der nächsten Zukunft herrschen würde. Antiochus III. dankte den Juden dieses Verhalten durch die Erneuerung der alten aus der Perserzeit stammenden Privilegien (Ant. 12, 3, 3 f.), wonach die seleukidische Regierung kostenlos den Bedarf für die Tempelopfer decken und das für Instandsetzungsarbeiten am Tempel nötige Material liefern sollte. Das gesamte Tempelpersonal und die Ältesten blieben steuerfrei, und den Bewohnern Jerusalems wurden für drei Jahre die Steuern erlassen, dies, um die Bevölkerung zu veranlassen, aus den umliegenden Gebieten nach Jerusalem zurückzukehren. Schließlich durften alle aus der Stadt Jerusalem verschleppten Sklaven bei Rückerstattung ihres Vermögens heimkommen. Das Edikt

---

140) Vgl. Bickermann, Pb. J., S. 100 ff.

enthält ferner das Recht der freien Religionsausübung „nach den Gesetzen der Väter"; damit ist zugleich die Garantieerklärung für die politische Verfassung gemeint. Das bedeutete für Jerusalem die Anerkennung der Thora als Gesetz der Stadt.

Wenn Antiochus in seinem Dekret verschleppte Sklaven, die nicht stark bevölkerte Stadt und den instandzusetzenden Tempel erwähnt, so geht daraus hervor, daß Jerusalem in den ptolemäisch-seleukidischen Kriegen erheblich gelitten haben muß. Der Freibrief bezog sich jedoch allein auf Jerusalem (zur Zeit der Seleukiden eine Unterabteilung der Satrapie „Kölesyrien und Phönizien"). Juden wohnten auch in der Umgebung Jerusalems, und zwar in dem Gebiete, das in der Perserzeit die Provinz „Judäa" gebildet hatte. Der durch das Edikt geschaffene friedliche Zustand dauerte nicht lange. In der Schlacht bei Magnesia in Kleinasien (190) unterlag Antiochus III. den Römern (vgl. Dan. 11, 18). Mit dem Friedensschluß von Apamea begann der Abstieg der Seleukidenherrschaft, und als Antiochus III. (188) starb (vgl. Dan. 11, 10), nahm eine der widerspruchsvollsten und zugleich ereignisreichsten Epochen der jüdischen Geschichte ihren Anfang.[141])

141). Die Quellen: In erster Linie ist für die frühe Makkabäerzeit das uns nur in griechischer Sprache erhaltene, aber ursprünglich in Palästina hebräisch verfaßte 1. Makkabäerbuch heranzuziehen. Es dürfte in der zweiten Hälfte der Regierungszeit des Johann Hyrkan (134—104), als dieser schon auf einige Jahre erfolgreicher Regierungstätigkeit zurückblicken konnte, aber noch vor dessen Bruch mit den Pharisäern, entstanden sein, denn das Buch weist eine promakkabäische Tendenz auf. Die negative Einstellung der Pharisäer zum hasmonäischen Geschlecht zeigt sich im 1. Makk. noch nicht. In diesem Werk werden die Ereignisse von 175—134 behandelt; es geht auf aus der Zeit der jeweils behandelten Hauptpersonen stammenden Quellenschriften zurück. Der Geschichtswert dieses Buches ist heute unbestritten. Das 2. Makk. ist nach eigener Aussage ein Auszug aus einem fünfbändigen Werk eines uns sonst unbekannten Jason von Kyrene (2. Makk. 2, 23) und erstreckt sich auf den Zeitraum von 175—161. Das Werk wurde griechisch verfaßt und stammt aus der Geisteswelt der hellenistischen Histiographie. Trotz der legendären Wundergläubigkeit ist es nicht ohne historischen Wert, wenn sich sein rhetorischer Stil auch stark vom 1. Makk. unterscheidet, das eher an die althebräische Geschichtsschreibung anzuknüpfen sucht. Jasons Werk kann man kurz vor der Wende des zweiten zum ersten vorchr. Jahrhunderts ansetzen, den Auszug noch vor 60 v. Chr. Der Bearbeiter lebte in Ägypten. Vgl. Bickermann, Gott, S. 100 ff.; Schunck, Die Quellen des 1. u. 2. Makkabäerbuches, 1954, S. 125 f.; Eissfeldt, Einleitung², S. 714 ff.

Dem Tode Antiochus III. folgten bald dynastische Konflikte innerhalb der Seleukiden. Sein Sohn und Nachfolger Seleukos IV. Philopator (187—175) wurde von seinem Minister Heliodor ermordet (vgl. Dan. 11, 20), darauf bestieg nicht der als Geisel in Rom lebende Königssohn Demetrios den Thron, sondern der Bruder des Seleukos, Antiochus IV. Epiphanes (175—164) (vgl. Dan. 11, 21 ff.), den Demetrios als Geisel abgelöst hatte. Das Seleukidenreich wurde in der Folge nun sowohl von dem immer stärker in den Raum des östlichen Mittelmeeres ausgreifenden Rom als auch von dem ptolemäischen Ägypten bedroht, mit dem Rom gegen die Seleukiden verbündet war.

Der Unsicherheit in der großen Welt der Seleukiden entsprachen innere Zwistigkeiten in der kleinen Welt der Jerusalemer Gemeinde, die, teilweise wenigstens, mit der ständigen Geldnot der seleukidischen Oberherren zusammenhingen. Darum versuchte Seleukos IV. die Finanzautonomie des Jerusalemer Heiligtums aufzuheben. Antiochus IV. wählte andere Mittel, um das Geld für die ihm von Rom auferlegten Kontributionen zu bekommen: Er verkaufte das Hohepriesteramt in Jerusalem an den meistbietenden Kandidaten. So wechselten die Hohenpriester in rascher Folge: Zunächst setzte Antiochus IV. Onias III. ab (ca. 175), dann dessen Bruder und Nachfolger Jason, um das Amt einem Menelaos zu übertragen (ca. 172), der gar nicht mehr zu der alten Hohenpriesterfamilie der Oniaden gehörte, die sich auf Zadok, den Oberpriester des salomonischen Heiligtums, zurückführte. Um den Tribut an Antiochus zahlen zu können, verkaufte Menelaos goldene Tempelgeräte, und als der abgesetzte und inzwischen nach Antiochia übergesiedelte Onias dagegen protestierte, ließ ihn Menelaos kurzerhand ermorden (2. Makk. 4, 32 ff.). Antiochus selbst erschien im Herbst 169 im Tempel, um ihn, nach der in seiner Familie üblichen Art, zu plündern.[142]) Sein Vater Antiochus III. war seiner-

142) In der hellenistisch-römischen Zeit enthielt der Tempel nicht nur wertvolle Kultgeräte oder Gold, Silber, Geld zur Beschaffung der Opfer und Instandhaltung des Heiligtums, sondern er diente auch als Auf-

zeit getötet worden, als er im Jahre 188 einen Tempel in Elam ausrauben wollte.

Antiochus IV. mußte auf Geheiß Roms trotz seiner Siege Ägypten räumen (168). Darauf kam es in Jerusalem zu einem Aufstand, der auf politische Gründe (Abneigung gegen Antiochus IV.) wie auch auf die Auseinandersetzungen innerhalb der Jerusalemer Gemeinde (wegen des Hohenpriesteramtes) zurückgeführt werden kann. Der abgesetzte Oniade Jason bemächtigte sich noch einmal seiner früheren Würde; sein Aufstand wurde jedoch niedergeschlagen, Jason mußte fliehen. Auf dem Hügel gegenüber dem Berg Zion wurde eine Zitadelle errichtet: die Akra (Burg), Stützpunkt des seleukidischen Besatzungskorps. Die Gründung der Akra und ihre Belegung mit seleukidischen Truppen bedeutete die Aufhebung des durch Antiochus III. erneuerten Privilegs für Jerusalem und bildet eine Analogie zur Besiedlung Samarias durch makedonische Kolonisten, nachdem die Stadt gegen Alexander den Großen rebelliert hatte.

Die neu errichtete Zitadelle ließ Antiochus mit ihm ergebenen hellenistischen Juden (nach 1. Makk. 1, 33 ff.: „gottloses Volk") besiedeln. Im Zuge seiner Maßnahmen verbot Antiochus einige Monate nach der Gründung der Akra auch die Opfer im Tempel, die Beschneidung sowie die andern kultischen Vorschriften; im Heiligtum wurde der Kult des Zeus Olympios eingeführt (167). Auch auf dem Lande ließ er nun überall Altäre aufstellen, an denen jedermann opfern sollte. Das Festhalten am jüdischen Kult und an der jüdischen Religion (Sabbat und Festtage) wurde mit dem Tode bestraft. Mit diesen Maßnahmen verurteilte und bestrafte Antiochus die Ausübung jüdischer Riten als politisches Verbrechen und Abfall von der seleukidischen Herrschaft und setzte damit das Thoragesetz außer Kraft, das von den Persern, Ptolemäern und ersten Seleukiden als Staatsgesetz für die Jerusalemer Ge-

bewahrungsort für privaten Vermögensbesitz. Vgl. Josephus (bell. jud. 6, 5, 2; Mischna Arakhin IX, 4) und dazu S. Lieberman, Hellenism in Jewish Palestine, 1950, S. 169 ff meinde anerkannt worden war. Die Juden waren nun entweder zum Ungehorsam gegen den seleukidischen König oder zum Ungehorsam gegen ihre eigenen Lehren und Gebote gezwungen.

Bevor nun auf die weitere Entwicklung des Konfliktes zwischen Antiochus und den Juden eingegangen wird, muß noch kurz die geistige Situation der Jerusalemer Gemeinde beleuchtet werden. Bisher erwähnten wir bereits den politischen Machtanspruch Antiochus IV. und die Streitigkeiten um die Besetzung des Hohenpriesteramtes. Das dritte entscheidende Moment ist die Ausbreitung der hellenistischen Kultur und danach der Versuch ihrer Aneignung durch die Juden in Jerusalem, wo durch die Berührung mit dem Hellenismus kein Universalismus entstehen konnte (wie im alexandrinischen Judentum), sondern ein Partikularismus. Die Verschiedenartigkeit der historischen Situation der Juden in Palästina und in Ägypten ließ die beiden Gruppen in vielem recht entgegengesetzte Wege gehen. Zwar darf nicht übersehen werden, daß zu allen Zeiten auch nach Palästina fremdes Geistesgut geflossen ist; das Judentum schmolz aber die Gedanken, die es aus der ägyptischen, der phönizischen, der babylonischen, der persischen und schließlich der hellenistischen Kultur übernommen hatte, in eine eigene Form und empfand so das Fremde schließlich nicht mehr als fremd. Als jedoch Antiochus IV. die Juden gewaltsam hellenisieren wollte, wies deshalb ein großer Teil des Volkes mit der Waffe den Ansturm zurück. Dennoch vermochte nichts die Ausbreitung des Hellenismus auf die Dauer zu verhindern.

Die geistige Lage der Jerusalemer Gemeinde zu Beginn der Herrschaft des Antiochus IV. wird im 1. Makk. zwar polemisch, aber trotzdem präzis umschrieben: „In jenen Tagen gingen aus Israel nichtswürdige Menschen hervor; die überredeten viele, indem sie sprachen: Laßt uns doch mit den Völkern, die um uns sind, uns verbrüdern! Denn seit wir uns von ihnen abgesondert haben, hat uns viel

Unglück betroffen" (1, 11). Es heißt dann dort weiter, daß einige aus dem Volke den König um die Erlaubnis baten, ein Gymnasion in Jerusalem nach dem Brauche der Heiden zu errichten und daß die Genehmigung dafür auch erteilt wurde (1, 12—14). Das Gymnasion bildete in der Epoche des Hellenismus die Grundlage der griechischen Lebensführung. Der Sportbetrieb war jedoch vom Kult eines Herakles, eines Hermes oder dem des gerade regierenden Herrscherhauses untrennbar.[143]) Fremde Götter und ihre Idole wurden die Schirmherren des Gymnasion in Jerusalem. Daher konnten die meisten Juden an der hellenistischen Kultur nur mit gewissen Einschränkungen teilnehmen. Als z. B. eine Jerusalemer Delegation zu einem Festspiel nach Tyrus abreiste und ihr vom Hohepriester Jason Geld für die Opfer des Herakles mitgegeben wurde, baten die delegierten Juden, das Geld nicht für die Opfer verwenden zu müssen („weil sich das nicht zieme"), sondern für einen anderen Zweck (2. Makk. 4, 18 ff.). Aus diesem Bericht geht hervor, daß die hellenistische Kultur zwar auch nach Jerusalem gedrungen war, aber vor allem zunächst die höheren Schichten, darunter auch die Priesterschaft (2. Makk. 4, 14 ff.), ergriffen hatte. Diese wollten das überlieferte Judentum der Zeit anpassen, die Grundzüge des Judentums zwar beibehalten, doch alles entfernen, was nach Absonderung aussah,[144]) um das Ideal des Hellenismus auf ihre Weise verwirklichen zu können: eine auf Erziehung aufgebaute allgemeinmenschliche Kultur, in der jede Absonderung nach Möglichkeit aufgehoben würde, und wo der Zeus Olympios mit dem Gott Abrahams, Isaaks und Jakobs identifiziert werden könnte. Es ging also nicht um die Abschaffung der jüdischen Religion als solche, sondern um ihre Anpassung an die alles umgreifende hellenistische Kultur, nicht um die Auslöschung der jüdischen Nation, sondern um ihre Einfügung in den hellenistischen Staatenkranz. Hellenismus bedeutete daher einen Bildungsbegriff, der unabhängig von

143) Vgl. Bickermann, Gott, S. 64.
144) Vgl. Bickermann, Die Makkabäer, 1935, S. 20.

Abstammung, jedem Einzelnen zugänglich gemacht werden konnte. Dadurch wird verständlich, daß die Aufhebung der jüdischen Sonderrechte durch Antiochus zwar von einem großen Teile des Volkes als Zwang empfunden, von einigen Juden aber begrüßt wurde, weil sie ihre Hoffnung stärkte, Zugang zur „großen Welt“ zu erlangen.[145])

Aber hier erfolgte nun ein Gegenschlag, der die Voraussetzung für die Makkabäergeschichte war. Die Majorität der Juden hatte wenig Verständnis für die neuen, alles umfassenden Ideen des Hellenismus; sie sah nur die Entheiligung des Tempels, die Aufhebung der jüdischen Lehre und den Zwang zu heidnischer Lebensweise. Was Menelaos als ein Privileg erschien, war für die einfachen frommen Juden Glaubenszwang, gegen den sie sich nun zur Wehr setzten.

Das Signal zum Kampf gab ein aus priesterlicher Familie stammender Mann, Mattathja (Mattathias), der mit seinen Söhnen in dem kleinen Ort Modëin (östl. von Lydda, nordwestl. von Jerusalem gelegen) lebte. Als in seinem Heimatstädtchen ein Beamter erschien und die dortige Bevölkerung aufforderte, an den heidnischen Opfern teilzunehmen, weigerte sich Mattathja nicht nur, diesem Befehl Folge zu leisten, sondern erschlug den königlichen Beamten und einen das Opfer vollziehenden Juden (1. Makk. 2, 15 ff.). Mattathja flüchtete darauf mit seinen Freunden in die Wüste Juda, wo er Gesinnungsgenossen um sich sammelte. Sie zerstörten zunächst nur die heidnischen Altäre, töteten Abtrünnige und beschnitten unbeschnitten gebliebene Kinder. Im Anfang dürfte es nur zu kleineren Kämpfen gekommen sein, wobei die Gegner meist am Sabbat angriffen, weil den Frommen an diesem Tage ein Widerstand nicht möglich war,

145) Vgl. dazu Heinemann, MGWJ, N. F. 46, 1938, S. 145 ff., der zeigt, daß die Hellenisierungswut einzelner Juden nicht verallgemeinert werden darf, und die Maßnahmen des Antiochus IV. nicht einer jüdischen Partei zuliebe, sondern aus Abneigung gegen „die Juden“ und ihren Sonderkult erfolgten.

bis Mattathja den Verteidigungskampf am Sabbat erlaubte, um eine geordnete Gegenwehr zu ermöglichen. Bereits in den ersten Monaten dieses Kleinkrieges starb Mattathja (166), und sein drittältester Sohn Juda (mit dem Beinamen „Makkabi", der Hammer?) übernahm die Führung. Unter seinem Kommando kam es nun zu größeren Gefechten mit seleukidischen Truppenteilen (1. Makk. 3). Bei Emmaus (südl. von Beth-Horon) schlug er einen syrischen Heeresverband (1. Makk. 3,37—4,25). Die Erfolge Judas begannen aber nun, die seleukidische Regierung zu beunruhigen, so daß der Statthalter Lysias gegen die Aufrührer anrückte. Bei Beth-Zur (30 km südl. von Jerusalem) erlitten die Syrer durch Juda und die Seinen eine Niederlage, worauf es Lysias vorzog, den ständigen kriegerischen Auseinandersetzungen dadurch ein Ende zu machen, daß er in Beth-Zur mit den Juden Friedensverhandlungen anknüpfte. Mittlerweile war nämlich Antiochus IV. im Osten in einen Krieg mit den Parthern verwickelt worden und dadurch nicht in der Lage, größere Heere gegen die jüdischen Aufständischen aufzubieten. „Die Frage, ob die Juden nach ihren Speisegesetzen oder im Widerspruch zu ihnen essen sollen, mußte der Regierung nunmehr wenig belangvoll erscheinen."[146]) Die Art und Weise, wie es zum Waffenstillstand kommt, ist nicht uninteressant wegen der Verschiedenartigkeit der Persönlichkeiten, die sich dabei betätigen: Lysias verlangt von den Juden, „ihre Ergebenheit gegenüber dem Staat beizubehalten"(!) (2. Makk. 11, 19); eine römische Gesandtschaft, die gerade nach Antiochia zum König unterwegs ist, erbietet sich, Fürsprache für die Juden einzulegen (2. Makk. 11, 34 f.), und der am Ausbruch des Aufstandes mitschuldige und nun unruhig gewordene Menelaos tritt als Vermittler auf, als er sieht, daß seine Gegner, die frommen Juden, die Oberhand behalten (2. Makk. 11, 29). Antiochus IV. entschließt sich nun, sämtliche Verfolgungen einzustellen und

146) Bickermann, Die Makkabäer, 1935, S. 26. Vgl. auch Pfeiffer, History of New Testament Times, 1949, S. 15.

sichert allen, die bis zu einem bestimmten Termin in ihre Heimatorte zurückkehren, völlige Straffreiheit zu. „Die Juden sollen ihre eigenen Speisen und Gesetze haben wie vordem. Keiner von ihnen soll auf irgend eine Weise für die von ihm begangenen Verbrechen belästigt werden" (2. Makk. 11, 31). Dieser Erlaß des Königs, der aussieht wie ein Zeichen seiner Gnade, ist in Wirklichkeit das Eingeständnis seiner Niederlage. Antiochus gab den Versuch auf, die hellenistische Kultur gewaltsam und gegen die Mehrheit des Volkes bei den Juden einzuführen. Aber mit der Beendigung der Verfolgung war noch nicht die Wiederherstellung des dem Gesetz entsprechenden Kultes in Jerusalem verbunden, denn dort regierte noch immer der Hohepriester Menelaos. Daher entschloß sich Juda, dem Menelaos und den hellenisierenden Priestern die Stadt Jerusalem mit Gewalt zu entreißen. Anfang Dezember 164 besetzte Juda mit seinen Leuten Jerusalem und reinigte den Tempel von allen Spuren des heidnischen Kultes; die seleukidische Besatzung und die ihr treue Bevölkerung schloß er in der Akra ein. Am 25. Kislew 164, drei Jahre nach seiner Entweihung, wurde der Tempel durch die Neuweihung des gereinigten Altars dem JHWH-Kult zurückgegeben; 8 Tage lang feierten die Frommen dieses Ereignis; das Chanukkafest erinnert noch heute an diese Begebenheit. Die Einsetzung eines solchen Gedenktages war von besonderer Bedeutung, denn alle bisherigen Feste hatten ihre Begründung in der Thora. Mit seinem Vorgehen ahmte Juda den griechischen Brauch nach, ein Ereignis der eigenen Geschichte durch Gedenktage in der Erinnerung festzuhalten.[147])

Antiochus IV. starb am Ende des Winters 163 in Ispahan; Nachfolger wurde sein damals etwa achtjähriger Sohn Antiochus V., für den Lysias die Regentschaft führte. Im gleichen Jahr unternahmen die Juden unter Führung von

---

147) Vgl. Bickermann, Die Makkabäer, S. 29: „Das war der erste Schritt auf dem Weg, dessen Begehung die historische Mission des Hasmonäerhauses werden sollte: die hellenische Sitte ins Judentum einzuführen, ohne das Judentum preiszugeben."

Juda und seiner Brüder Simon und Jonathan Kriegszüge gegen die Jerusalem benachbarten Städte und Völkerschaften, weil die unter ihnen wohnenden Juden von der hellenistischen Bevölkerung bedrängt wurden. Die Aktionen hatten vor allem den Zweck, den Nachbarn Jerusalems Furcht und Schrecken einzujagen, denn Juda war nicht stark genug, diese weiträumigen Gebiete wirklich zu erobern; aber er sammelte die verstreuten Juden um sich und nahm sie mit sich nach Jerusalem (1. Makk. 5). Als er sich jedoch nun gegen die Akra in Jerusalem wandte, kam Lysias mit einem beträchtlichen Heer zum Entsatz der Burg. Bei Beth-Zacharia (ca. 10 km südwestl. von Bethlehem) stellte sich Juda den Syrern entgegen und wurde geschlagen; er floh mit seinen Leuten in das befestigte Jerusalem, das Lysias nun zu belagern begann. Die Lage für die dort eingeschlossenen Juden schien völlig aussichtslos zu sein, als Lysias die Nachricht erhielt, daß Antiochus auf seinem Sterbebett nicht ihn, sondern einen General Philipp zum Reichsverweser ernannt habe und dieser sich auf dem Wege nach Antiochia befinde, um die Herrschaft an sich zu reißen (1. Makk. 6, 55 f.). In dieser Situation schien es Lysias das beste, schleunigst mit den Juden Frieden zu schließen. Das Dokument des offiziellen Friedensschlusses ist uns in der Form eines Briefes Antiochus V. an Lysias erhalten (2. Makk. 11, 22—26). Darin bekräftigt Antiochus V. die bereits von seinem Vater zwei Jahre vorher ausgedrückte Duldung des jüdischen Kultes, „da die Juden mit der Einführung der griechischen Art durch unseren Vater nicht einverstanden sind, vielmehr ihre eigene Lebensweise vorziehen und uns deswegen ersuchen, ihnen ihre Rechte zu bewilligen, . . . beschließen wir, ihnen das Heiligtum zurückzugeben und sie ihr Leben entsprechend den Bräuchen ihrer Vorfahren führen zu lassen“. Damit wurde die Herrschaft der Thora wiederhergestellt. Immerhin ließ Lysias sicherheitshalber noch vor seinem Abzug aus Jerusalem, entgegen den Abmachungen, den befestigten Tempelbezirk schleifen und, unter Verletzung der beschworenen Zusicherung, sechzig der vormaligen Rebellen umbringen. Menelaos wurde von Lysias hingerichtet, da Menelaos „der Urheber des ganzen Unheils war" (2. Makk. 13, 4).

Vgl. Josephus (Ant. 12, 9, 7): „Denn von ihm komme alles Unheil her, weil er den Vater des Königs veranlaßt habe, die Juden zum Abfall von der Gottesverehrung ihrer Väter zu zwingen." Josephus bringt hier den richtigen Gedanken zum Ausdruck, daß gewisse Juden mit der Religionspolitik des Antiochus IV. einverstanden waren. Als diese sich aber für die gesamte Judenheit Judäas als falsch erwies, wurde Menelaos als „Sündenbock" von der syrischen Regierung geopfert. Nicht Antiochus IV. sollte also an den Verfolgungen schuld gewesen sein, sondern der Hohepriester Menelaos.

Zum neuen Hohenpriester ernannte die syrische Regierung den offenbar aus zadokidischem Geschlechte stammenden Alkimos (1. Makk. 7, 14), der auch von den Frommen anerkannt wurde (obwohl er seinen hebräischen Namen Jakim in Alkimos hellenisiert hatte).

Eigentlich hätte ein Neffe des Menelaos namens Onias Hoherpriester werden müssen. Dieser Onias IV. floh nach der Ernennung seines Onkels Menelaos nach Ägypten, wo ihm Ptolemäus VI. Philometer die Erlaubnis gab, in Leontopolis einen JHWH-Tempel nach Jerusalemer Modell zu errichten. Nun geschah es zum zweiten Male, daß in Ägypten in Verletzung des deuteronomischen Gesetzes ein Tempel außerhalb Jerusalems entstand, nachdem früher schon die Juden in Elephantine einen solchen besessen hatten. (Vgl. Josephus, Ant. 12, 9, 7; 13, 3, 1 ff.), vgl. Talmud Meg. 10a; Men. 109 a—b. Vgl. dazu Baron I, S. 219 f.; Bell, S. 35 f.; Dict. de la Bible, Supp. Fasc. XXV, Sp. 363 ff.; Ricciotti, Gesch. Israels II, 1955, S. 239 ff.

Das Ziel des Makkabäeraufstandes war nun erreicht, die Religionspolitik Antiochus IV. rückgängig gemacht und der Tempel in Jerusalem wieder die von allem Fremden gereinigte heilige Stätte der Juden. Die Akra als Symbol der seleukidischen Oberherrschaft blieb weiterhin mit einer Besatzungstruppe belegt, und im Tempel wurden Opfer für den seleukidischen König dargebracht (1. Makk. 7, 33).

Juda allerdings ging leer aus. Sein Ehrgeiz blieb unbefriedigt; daher floh er wieder ins Gebirge, und ihm schlossen sich viele an, die zunächst den Friedensschluß befürwortet hatten, dann aber durch das Vorgehen des Lysias enttäuscht wurden.

In Antiochia waren inzwischen Antiochus V. und Lysias ermordet worden und Demetrios I. (ein Sohn Seleukos IV. und eigentlicher Thronerbe) zur Herrschaft gelangt. Der Hohepriester Alkimos wandte sich nun an Demetrios um Unterstützung gegen den aufrührerischen Juda. Der syrische König beauftragte zunächst seinen General Nikanor, in Jerusalem nach dem Rechten zu sehen. Bei Adasa (7 km nördl. von Jerusalem) kam es mit Judas Truppe zur Schlacht, Nikanor fiel. Wiederum besetzte Juda Jerusalem und ließ den Sieg über Nikanor (13. Adar 161) als Erinnerungstag in den Festkalender aufnehmen. Noch einmal erbat Alkimos Hilfe vom syrischen König, der nun einen seiner bedeutendsten Generäle, Bakchides, mit einem ansehnlichen Heer nach Jerusalem schickte.

Die Frage, warum der seleukidische König einen hervorragenden Heerführer gegen Juda entsandte, der nach Auffassung der Syrer doch nur ein „Bandenführer" war, erklärt sich dadurch, daß Juda Anschluß an Rom gesucht hatte (1. Mak. 8, 17 ff.). Dieses Bündnis mit der das Seleukidenreich am schwersten bedrohenden Macht erforderte ein tatkräftiges Eingreifen der Syrer.

Angesichts der feindlichen Übermacht wurde Juda von vielen seiner Gefolgsleute im Stich gelassen, und er selbst fiel in dem von vornherein aussichtslosen Kampfe (160). Die Anhänger des Juda wurden verfolgt und zogen sich, wie zur Zeit des Mattathja, in Schlupfwinkel zurück. Judas jüngster Bruder, Jonathan, trat dessen Nachfolge an. In Jerusalem veränderte sich nichts. Alkimos übte weiter das Amt des Hohenpriesters aus; die Freiheit des Gottesdienstes wurde nicht angetastet.

Schon vor der letzten entscheidenden Schlacht gegen Juda war es innerhalb der jüdischen Bevölkerung zu einer Verschiebung gekommen. Als Mattathja sich seinerzeit gegen die Zwangshellenisierung wandte, hatte sich ihm angeschlossen, wer der traditionellen Religion treu bleiben wollte. Auf der Gegensteite standen die Syrer und die mit ihnen sympathisierenden hellenisierten Juden. Ein Teil der Gefolgsleute des Mattathja war dann mit dem Erreichten nach der Wiederherstellung der Religionsfreiheit bereits zufrieden. Sie anerkannten sowohl die seleukidische Oberherrschaft als auch den Hohenpriester Alkimos, obwohl dieser zur Zeit der Verfolgung durch Antiochus IV. angeblich „Kollaborateur" gewesen sein sollte (2. Makk. 14, 3). Nur eine Minderheit gehörte weiter zum Anhange des Juda. So standen nun auf der einen Seite die Hasmonäer und die ihnen Getreuen, auf der anderen Seite die Gruppe, die sich die „Frommen" (hebr.: Chasidim) nannte. Sie hatten seinerzeit zwar am Aufstande gegen Antiochus IV. teilgenommen, sich aber später an keinen weiteren Kämpfen mehr beteiligt. Der Unterschied zwischen den „Frommen" und den Anhängern des Juda bestand darin, daß die „Frommen" vor allem an der religiösen Freiheit interessiert waren und nicht wie Juda und seine Gefolgsleute nach politischer Macht strebten. Die Chasidim bestanden als Gruppe bereits vor der makkabäischen Erhebung (1. Makk. 2, 42) und lehnten dann nach der Wiederherstellung des Tempelkultes jeden weiteren Konflikt mit den Syrern ab (1. Makk. 7, 13). Zu den Chasidim wird man auch die in 1. Makk. 7, 12 erwähnten „Schriftgelehrten" zu rechnen haben.

Mit dem Begriff des „Schriftgelehrten" bahnt sich eine neue Entwicklung innerhalb der jüdischen Religion an. Neben den dem Opferdienst verpflichteten Priester tritt der „Schriftkundige der Thora", der, obwohl nicht priesterlicher Abkunft, die gleiche Autorität wie der Priester verlangt und so auch Einfluß auf die Rechtsprechung erhält. Der Typus des Schriftgelehrten ist bereits in der vormakkabäischen Zeit entstanden; zu einer in das politische Geschehen eingreifenden Bewegung wurden die Schriftgelehrten aber erst in makkabäischer Zeit, als die weltlichen jüdischen Herrscher sich von den Zielen der jüdischen Lehre entfernten. Der „Schriftgelehrte" hatte die Aufgabe, die traditionellen Vorschriften den sich wandelnden Zeiten anzupassen, ein normatives Judentum zu schaffen, das sich gegenüber den Verlockungen des hellenistischen Zeitalters behaupten konnte. Ein Porträt des idealen Schriftgelehrten wird in Jes. Sir. 38, 24—39, 11 gezeichnet; einen Extrakt seiner Lehre bietet Abot I, 2: „Auf drei Dingen steht die Welt: Auf der Thora, auf dem Gottesdienst und auf den Liebeswerken." Vgl. zur Tätigkeit der Schriftgelehrten, Moore I, S. 31 ff.; 37 ff.; Lieberman, Hellenism in Jewish Palestine, 1950, S. 28 ff.; Baron I, S. 162; 367 f.; 396 f.

Nach einer Reihe von Scharmützeln mit den syrischen Truppen wurden diese wie auch Jonathan der ständigen Kriegshandlungen überdrüssig, und Jonathan ließ sich mit Genehmigung der seleukidischen Regierung in Michmas (12 km nordöstl. von Jerusalem) nieder (157). Zwei Jahre vorher war in Jerusalem der Hohepriester Alkimos gestorben, und das Amt blieb einstweilen vakant. Einige Zeit wohnte Jonathan in Michmas, dann bot sich ihm eine neue Chance: Im Jahre 153 erhob sich gegen den syrischen König Demetrios I. ein Thronprätendent namens Alexander Balas, der behauptete, ein Sohn Antiochus IV. zu sein. Jonathan entschied sich für Alexander Balas, der ihm das Hohepriesteramt überließ (152), obwohl Jonathan gar nicht zum Geschlecht der Zadokiden gehörte. Wiederum wurde also das Amt des Hohenpriesters in Jerusalem nach griechischer Art von einem weltlichen Herrscher vergeben. Als es Alexander Balas gelang, Demetrios in einer Schlacht zu vernichten, zeigte es sich, daß Jonathan die richtige Partei ergriffen hatte. Jonathan wurde nach Akko zur Hochzeitsfeier des Alexander Balas mit einer Tochter des Ptolemaios VI. Philometor eingeladen und zum „Feldherrn und Teilherrscher" im Seleukidenstaat ernannt (1. Makk. 10, 59—66). Das bedeutete für ihn die Stellung eines Provinzgouverneurs über Judäa, der auf Verlangen des seleukidischen Königs diesem Truppenkontingente zur Verfügung zu stellen hatte. Nachdem Demetrios II. Nikator (Sohn von Demetrios I.) an Stelle von Alexander Balas den Thron bestiegen hatte, erwarb Jonathan (durch reiche

Geschenke) auch die Gunst des neuen Königs, der ihm als Gegengabe drei südliche Bezirke der Provinz Samaria übergab, die Jonathan der Provinz Judäa einverleibte. Aber noch immer blieb die syrische Akra in Jerusalem und Beth-Zur zur Oberaufsicht bestehen. Jonathan befreite zwar bei einer Revolution der Bevölkerung mit seinen Truppen den Demetrios aus einer recht mißlichen Lage (1. Makk. 11, 41 ff.), aber dieser hielt sein Versprechen nicht, die syrischen Truppen von der Akra abzuziehen. Daher wandte sich Jonathan von Demetrios ab und konspirierte mit einem gewissen Diodotus Tryphon, der angeblich den noch unmündigen Sohn des Alexander Balas auf den Thron bringen wollte. In der Folge behauptete sich Jonathan erfolgreich gegen den Versuch des Demetrios, ihn wieder unter seine Botmäßigkeit zu zwingen (1. Makk. 11, 60 ff.; 12, 24 ff.). Auch mit Sparta und Rom knüpfte Jonathan freundschaftliche Beziehungen an (1. Makk. 12, 1 ff.). Tryphon hingegen, der offenbar selbst nach der Herrschaft über das Seleukidenreich strebte, sah nun in Jonathan einen immer gefährlicher werdenden Rivalen. Durch die Anwendung einer List konnte Tryphon Jonathan gefangennehmen; er wurde dann bald darauf von Tryphon ermordet (1. Makk. 12, 39 ff.) (143).

17. Das Priesterfürstentum der Hasmonäer

Jonathans Bruder Simon trat nun die Nachfolge an (1. Makk. 13, 8); er verbündete sich jetzt wieder mit Demetrios II. Nikator, wofür ihm dieser Abgabenfreiheit gewährte sowie die Zusage einer Nichteinmischung in Judäa (142). Im 170. Seleukidenjahr (142/141) setzte sich Simon in Jerusalem als „großer Hohepriester, Feldherr und Anführer der Juden" ein (1. Makk. 13, 42); er konnte die Akra nun endlich beseitigen (141) und sich der Städte Gazara und Joppe bemächtigen, womit Judäa Zugang zum Mittelmeer erhielt. Ein Jahr später (140) wurde

Simon dann auch offiziell durch ein Ehrendekret von „den Priestern, den Obersten des Volks und den Vornehmsten des Landes" zum erblichen Priesterfürsten (Ethnarch) über Judäa erhoben (1. Makk. 14, 27 ff.).

Simon wird als ein wohlwollender Regent geschildert (1. Makk. 14, 4), der im Lande herumreiste, um „für die Bedürfnisse des Volkes zu sorgen" (1. Makk. 16, 14). Bei einem Besuch bei seinem Schwiegersohn Ptolemaios (Befehlshaber des Bezirkes Jericho), wurde Simon der „Priesterfürst" und zwei seiner Söhne von Ptolemaios ermordet (134),[148]) weil dieser das Fürstentum in Jerusalem usurpieren wollte. Das gelang ihm jedoch nicht, denn Johannes (Johanan), Sohn des Simon, der als Befehlshaber in Gazara weilte, war schneller in Jerusalem und ließ sich auf Beschluß des Volkes (und nicht mehr kraft eines aus Antiochia stammenden königlichen Befehls) unter dem Herrschernamen Johannes Hyrkan I. (134—104) in die Ämter seines Vaters einsetzen (134).[149])

Bereits wenige Monate später belagerte Antiochus VII. Jerusalem, nachdem ihn der inzwischen nach Transjordanien entflohene Ptolemaios zu Hilfe gerufen hatte. Antiochus VII. folgte diesem Rufe, um sein Hoheitsrecht über Judäa geltend zu machen. Johann Hyrkan kapitulierte, und Antiochus bestätigte zwar die Autonomie der jüdäischen Provinz, ließ aber die Befestigungen Jerusalems schleifen, machte Hyrkan tributpflichtig (nachdem Simon 142 die volle Abgabenfreiheit erhalten hatte); Hyrkan mußte ferner Gezer herausgeben, Waffen an den Syrerkönig ausliefern und ihm Geiseln stellen. Damit war Judäa wieder eine Vasallenprovinz geworden, und die durch Jonathan und Simon erreichte relative Autonomie schien dahin zu sein.

---

148) Keiner der Söhne Mattathjas ist eines natürlichen Todes gestorben!

149) Mit der Einsetzung Johann Hyrkans endet das 1. Makk., das bis dahin unsere Quelle gewesen ist. Die folgenden Geschichtsereignisse entnehmen wir Josephus, der sie in seinen „Jüdischen Altertümern" (13, 8, 1 ff.) anführt. (Abgekürzt zitiert als Ant.)

Doch im Feldzug gegen die Parther[150]) fiel Antiochus VII. (128), und die nun im Seleukidenhause ausbrechenden Thronwirren ermöglichten es Johann Hyrkan im Verlaufe von etwa 25 Jahren, Judäa zur bedeutendsten Kriegsmacht Syriens zu erheben. Er konnte sein Staatsgebiet im Laufe seiner 30jährigen Regierungszeit im Süden bis Dora und Marisa und im Norden bis Galiläa ausdehnen. Zu seinen Eroberungen bediente er sich vor allem angeworbener Söldner (Ant. 13, 8, 4) und war, wie Josephus behauptet, der erste Jude (in nachexilischer Zeit), der dies tat! Sichem wurde von Johann Hyrkan eingenommen, und er zerstörte den Tempel auf dem Garizim, sowie einige Jahre später die Stadt Samaria (107). Von weittragender Bedeutung war die Unterwerfung der Idumäer, die er zur Beschneidung und Annahme des jüdischen Kultes zwang (Ant. 13, 9, 1). Josephus bemerkt knapp: „Und sie waren also von dieser Zeit an ebenfalls Juden."

So bedeutend im einzelnen diese äußeren Erfolge gewesen sein mögen, so stand doch im ganzen das Fürstentum der Hasmonäer auf recht schwachen Füßen, denn es war weder davidisch noch aaronidisch. Die Hasmonäer waren zuerst in einem Aufstand gegen den Glaubenszwang hervorgetreten, wollten aber dann ihr ursprünglich nur temporär gedachtes Führertum in ein dauerndes verwandeln. Eine wirkliche Wiedergeburt Israels wurde dadurch nicht herbeigeführt, denn die Regierung der Hasmonäer beruhte jeweils auf mehr oder weniger glücklichen Umständen bei den verschiedenen Thronwirren im Seleukidenreiche. Ursprünglich eine Führungsgruppe im Kampf gegen den Hellenismus und zur Rettung des traditionellen Judentums, bildete sich in den folgenden Jahrzehnten aus den Hasmonäern ein hellenistisches Fürstengeschlecht her-

150) Als die Seleukiden ihre persischen Besitzungen zugunsten des syrischen Gebietes vernachlässigten, fiel Persien dem iranischen Volke der Parther zu; Arsaces (250—248) begründete die arsacidische Dynastie, die von 250 v. Chr. bis 229 n. Chr. Iran regierte. Vgl. zum Partherreich R. Ghirshman, Iran (engl. Ausg. 1954), S. 243 ff.; Widengren, Suppl. V. T., IV, 1957, S. 197 ff.

aus, dessen Vertreter neben den hebräischen auch griechische Namen trugen (zum Unterschied zu Mattathja und seinen Söhnen). Menelaos und die hellenisierenden Priester und Aristokraten wollten die Thora dem Griechentum angleichen; die Makkabäer wünschten, die hellenistische Kultur der Thora einzuverleiben.[151])

Johann Hyrkan hatte anfangs mit den Pharisäern sympathisiert (vgl. Ber. 29a), bis er angeblich durch einen Pharisäer beleidigt worden sein soll (Ant. 13, 10, 5 f.). Die Pharisäer, eine jüdische Volksgruppe, die ursprünglich aus den Chasidim hervorgegangen sein dürfte, erstrebten zwar die Heiligung, das Abgesondertsein (Pharisäer — von hebr.: Perūšīm — die Getrennten, Abgesonderten von allem Heidnischen, Unreinen und Sündhaften), aber sie waren dennoch von hellenistischen Ideen beeinflußt und wollten durch Erziehung (was bei ihnen „Studium der Thora und der mündlichen Lehre" bedeutete) zur Heiligung führen. Sie forderten eine Schule für jedes Dorf in Judäa (vgl. b. Baba b. 21a), ähnlich wie in jeder griechischen Siedlung ein gymnasion errichtet wurde. Das Ideal dieser jüdischen Bewegung war der in der jüdischen Tradition gebildete Gelehrte[152]), nicht der Athlet des gymnasion. Indem die Pharisäer das Prinzip der hellenischen „ παιδεία„ annahmen, diese aber auf ihre eigenen jüdischen Geistesinhalte anwandten, fanden sie eine Synthese zwischen der universalen hellenischen Kultur und dem traditionellen jüdischen Wesen, an das die Pharisäer auch durch die Übernahme der Schriftdeutungsmethode der Schriftgelehrten anknüpften: Die Anerkennung der mündlichen Tradition nahm im pharisäischen Lehrgut einen wesentlichen Platz ein. Durch den Versuch, das gesamte Leben mit den Überlieferungen der Vergangenheit zu durchdringen und diese entsprechend den Erfordernissen der Gegen-

151) Vgl. Bickermann, Die Makkabäer, S. 55.

152) „Seid überlegt beim Rechtsprechen, bildet viele Schüler aus und errichtet einen Zaun um die Thora" (Abot I, 1), gehört ebenso zu den Grundlehren der Pharisäer wie: „Der Unwissende kann nicht fromm sein!" (Abot, II, 6).

wart zu entwickeln, wurden die Pharisäer notwendigerweise allmählich zu einer politischen Bewegung.

Für eine fruchtbare Ethik war der Gedanke von der moralischen Verantwortung des Menschen bedeutsam: „Alles ist von Gott vorherbestimmt, nur nicht die Gottesfurcht" (Ber. 33b; vgl. Abot, III, 19). Wenn Josephus (Bell. Jud. II. 8, 14) meint, die Pharisäer glaubten, bei jeder Handlung fände auch eine Mitwirkung des Schicksals statt, so ist das eine für seine hellenistischen Leser ihm nötig erscheinende Umschreibung des alttestamentlichen Grundsatzes, daß jedes Gebot seinen Sinn und seine Autorität erst durch die Verankerung in JHWH erhält, in dessen Namen das Gebot seinen letzten Ursprung hat. Dadurch, daß die Pharisäer sich nicht an eine bestimmte Kaste oder Gruppe im Volke wandten, sondern die Thora in das Volk verpflanzten, wurden sie schließlich zur Volkspartei (Ant. 13, 10, 6; vgl. Joma 71b). Der Verlauf dieser Entwicklung kann gut verfolgt werden: Während es im Buche Sirach heißt, daß Gott dem Priesterstande „seine Gebote anvertraut und Befugnis über Satzung und Recht gegeben, damit er sein Volk Satzung lehre und Recht die Kinder Israel" (45, 17), sagt schon das 2. Makk., daß „Gott allen das Erbe, das Königtum, die Priesterschaft und die Heiligung" überliefert habe (2, 17). [153])

Den Pharisäern standen die Sadduzäer gegenüber, eine ursprünglich durch Priester und Aristokraten gebildete Partei, die eine Weiterentwicklung und eine Anpassung der Thora an die Zeit ablehnten, u. a., weil sie dadurch eine Schmälerung ihrer Rechte befürchteten. Die Saddu-

153) Vgl. L. Baeck, Die Pharisäer, 1934, S. 32, der auch die Gefahren des Pharisäertums herausarbeitet: „Wo ein Ideal des Heiligen aufgestellt wird, gibt es auch die Scheinheiligen, „die Gefärbten" (b. Sota 22b). Wenn die Religion gelehrt werden soll, damit sie dem Volk zum Besitztum werde, dann kann die Religion auch zur bloßen Beschäftigung werden. Auch das hat es im Pharisäertum gegeben, der Talmud, nicht nur das Evangelium spricht davon." Aber hier handelt es sich nicht um das echte Pharisäertum. In ihm ist der großartige Versuch unternommen worden, die Religion ganz im Volk zu verankern, und so war es denn allein die pharisäische Bewegung, die aus der Katastrophe von 70 n. Chr., jeder politischen Aufgabe nun enthoben, gestärkt hervorging

zäer hätten eigentlich von Hause aus einem Makkabäer als Hohenpriester feindlich gesinnt sein müssen, da er ein auf Abstammung beruhendes Recht usurpierte, aber um Einfluß zu erlangen, verbanden sie sich mit dem Hasmonäerhaus. Die politische Bedeutung der Sadduzäer während der Hasmonäerzeit hing von dem jeweiligen Verhältnis zum gerade regierenden Fürsten ab, der die gesetzgebende und beratende Körperschaft entweder vorwiegend mit Sadduzäern oder mit Pharisäern besetzte. Im 1. Jahrhundert n. Chr. verschwinden die Sadduzäer aus der Geschichte.

Die Erwähnung der Sadduzäer im Talmud bezieht sich meist nicht auf die Sadduzäer des 2. Jahrhunderts v. Chr., sondern ist ein Deck- und Sammelname für verschiedene, den talmudischen Lehrern ablehnend gegenüberstehende „Bibelfeinde". Ein Bild von dieser jüdischen Gruppe läßt sich daher nicht aus dem Talmud, sondern vor allem aus Josephus gewinnen; das pharisäische Judentum hat hingegen seine geradlinige Weiterentwicklung in der talmudischen Zeit gefunden.

Die politischen und religiösen Voraussetzungen für einen Konflikt zwischen den Pharisäern und Johann Hyrkan waren damals vollauf gegeben, die angebliche Beleidigung durch einen Pharisäer nur äußerer Anlaß oder Vorwand: Zu einem Leben nach pharisäischer Auffassung gehört das Studium, die Auslegung, Anwendung und Entwicklung der Thora, aber keine kriegerisch-politische Aktivität, wie sie gerade Johann Hyrkan mit einigem Erfolg unternommen hatte. Schon die Vorgänger der Pharisäer, die Chasidim, hatten Juda die Gefolgschaft versagt, als er sich nicht mit der Tempelreinigung und -wiedereinweihung zufriedengeben wollte.

Die Sadduzäer betrachteten sich selbst als die allein autorisierten Deuter der Thora; sie anerkannten nur die geschriebene Thora und nicht die durch die Pharisäer ins Volk getragene, mündliche Lehre, die eine Erklärung und Anpassung der Thora an veränderte Lebensbedingungen darstellt. So mußten die Sadduzäer notwendigerweise auch die Vorstellung von der Auferstehung nach dem Tode ablehnen (vgl. Sanh. 90b), weil diese Auffassung im alttestamentlichen Schrifttum noch keine weite Verbreitung gefunden hatte, aber nun von den Pharisäern als Antwort auf die Frage nach dem Bösen auf Erden und der Vergeltung nach dem Tode sich durchsetzte. Hiernach wird der Frevler bestraft, der Gerechte aber belohnt und zu neuem Leben erweckt. Die Pharisäer hatten sich damit die hellenistische Lehre von der Auferstehung zu eigen gemacht und versuchten, diese im Judentum zu verankern.

Die in der Thora nicht ausdrücklich niedergelegten, aber im Volk im Laufe der Jahrhunderte verwurzelten Rechtsanschauungen wurden nur von den Pharisäern als verbindlich anerkannt. Diese waren sich bewußt, daß die Thora zum toten Buchstaben werden müßte, wenn sie nicht ständig neu gedeutet würde. Aus dieser dynamischen Konzeption von der Auffassung der Thora als einem lebendigen Buche erwuchs z. B. auch die Einsicht, daß die lex talionis „Auge um Auge, Zahn um Zahn" (Ex. 21, 24) nicht wörtlich gemeint, sondern der Hinweis darauf sei, das Opfer für den erlittenen Schaden zu entschädigen (Mekilta des R. Jišmael. ed. Lauterbach III, 1949, S. 67). Der sozialen Gesinnung der Pharisäer entsprachen zahlreiche Bestimmungen zum Schutze des einheimischen Handwerks und der Landwirtschaft. Vgl. dazu Finkelstein, The Pharisees, I², 1940, S. 101 ff.: Goldin, P. T., S. 118. Zum oft mißverstandenen Pharisäerproblem im allgemeinen vgl. neben den bereits genannten Werken Herford, Die Pharisäer, 1928; Moore I, S. 56 ff.; Dubnow II, 192 ff.; Lauterbach, Rabbinic Essays, 1951, S. 23 ff.; 51 ff.; 87 ff.; Baron I, S. 225 ff.; II, S. 35 ff. sowie den ausgezeichneten, die gesamte moderne Literatur über die Pharisäer enthaltenden Artikel von R. Marcus, The Pharisees in the Light of Modern Scholarship, Journal of Religion, 32, 1952, S. 153 ff. Vgl. ferner R. Meyer, Theol. Literaturzeitung, 77, 1952, S. 677 ff.; K. Schubert, S. 10 f.; S 72 f.; W. Foerster, Neutestamentl. Zeitgeschichte², 1955, S. 156 ff.

Nach Johann Hyrkans Tod (104) bemächtigte sich sein Sohn Aristobul für ein Jahr der Herrschaft. Es gelang ihm, einzelne Ituräerstämme im Norden Galiläas zum Anschluß an Judäa zu bringen. Seine Gemahlin Salome Alexandra befreite nach dem Tode Aristobuls dessen von ihm eingesperrte Brüder aus dem Gefängnis, setzte einen von ihnen (Alexander Jannai, eigentlich Jonathan) zum Priesterfürsten ein und vermählte sich mit ihm.

Entgegen der Angabe bei Josephus (Ant. 13, 11, 1) hat sich Alexander Jannai als erster Hasmonäerfürst die Königswürde beigelegt (vgl. Strabo, XVI, 2, 40), wie Münzen mit der hebräischen Aufschrift „Jonathan der König" und der griechischen Aufschrift „des Königs Alexander" beweisen. Die Münzen zur Zeit des Aristobul tragen noch die Aufschrift „Judas Hoherpriester und die Gemeinde der Juden".

Alexander Jannai (103—76) führte zahlreiche Feldzüge mit wechselndem Erfolg,[154]) konnte aber Judäa vergrößern, so daß es die Ausdehnung des früheren davidischen Reiches erreichte, ferner gewann er das einstige Philisterland hinzu. Im Volke war Alexander Jannai jedoch sehr verhaßt, so daß seine politischen Gegner (wahrscheinlich die Pharisäer) sogar den Seleukidenkönig Demetrios III. gegen ihn zur Hilfe riefen (Ant. 13, 13, 5)[155]). Einige Tausend Juden befreiten dann aber, wohl aus nationaler Solidarität, Alexander aus bedrohlicher Situation. Es kam zu einem Bürgerkrieg (Ant. 13, 14, 2), den Alexander Jannai zu seinen Gunsten entschied und mit einem Blutbad beendete.

Aus der Zeit einer Pharisäerverfolgung stammt folgender Ausspruch des Abtalion: „Ihr Weisen, seid vorsichtig mit euren Worten, denn ihr könntet euch der Verbannung schuldig machen und nach einem Orte schlechten Wassers verbannt werden; die Schüler, die euch folgen, würden davon trinken und sterben, und der göttliche Name (könnte) entweiht werden." Abot I, 11. Dieser Satz meint, daß die verbannten Gelehrten an ihrem Exilsorte (meist Alexandrien) die helle-

154) Besonders sind Alexander Jannais Kriege gegen die Nabatäer zu erwähnen. Zu ihrer Kultur vgl. Glueck, The Other Side of the Jordan, 1940, S. 158 ff., zu ihrer Geschichte North, PEQ, 86, 1955, S. 41 ff. (mit zahlreichen Literaturangaben).

155) Eine Anspielung auf dieses Ereignis findet sich vielleicht in einem Fragment aus Qumran (4 Qp Nahum) vgl. Allegro, JBL, LXXV, 1956, S. 90.

nistische Philosophie aufnehmen könnten und dadurch die Substanz des Judentums verflüchtigt würde („sie vermischten sich mit den Heiden und nahmen ihre Sitten an" Abot R. Nathan XI, 8).

Erst am Ende seines Lebens erkannte Alexander Jannai, daß zum Bestande des Reiches die Aussöhnung mit den Pharisäern nötig sei. Diese wurde nach seinem Tode (76) durch seine Gemahlin Salome Alexandra, die neun Jahre regierte, herbeigeführt. Sie überließ dem ältesten Sohn, Hyrkan II., das Hohepriesteramt und räumte den Pharisäern großen Einfluß ein, so daß sie die seinerzeit unter der Regierung Hyrkan I. außer Kraft gesetzten Verordnungen wieder einführen konnten.

Die Ausschaltung der Pharisäer, zu denen sich weite Teile des Volkes bekannten, war vermutlich die Ursache der schweren inneren Auseinandersetzungen, bis Salome Alexandra die Pharisäer zurückrief.

Zu jener Zeit waren Simon b. Šatah und Juda b. Tabai, die nach dem Regierungsantritt der Salome Alexandra aus ihrem Exil in Alexandrien heimgekehrt waren (vgl. Jer. Hag. II, 77d; b. Sota 47a), die Führer der pharisäischen Gruppe, die jetzt als eine Bewegung mit innenpolitischen Bestrebungen offen hervortrat und wahrscheinlich auch in den Regierungs-Rat aufgenommen wurde, der früher meist nur den Priestern und den Angehörigen des Laienadels (den „Vornehmen des Volkes", vgl. 1. Makk. 11, 28) vorbehalten war. Diese Körperschaft wurde nun zu einem für Verwaltung, Gericht und Religion zuständigen Gremium.

Nach dem Tode der Salome Alexandra übernahm zunächst Hyrkan II. auch die Königswürde, aber es gelang seinem von den Sadduzäern unterstützten Bruder Aristobul, ihn zum Thronverzicht zu bewegen. Hyrkans Freund, Antipater, Sohn des idumäischen Statthalters Antipas, bestimmte Hyrkan, nach Petra zum Nabatäerkönig Aretas zu fliehen; er gewann diesen für seinen Plan, mit ihm gemeinsam Aristobul des Thrones zu entheben. Als Gegengabe versprach Hyrkan, an die Nabatäer ehemalige Gebiete von Moab (Städte auf der Ostseite des Toten Meeres) abzutreten. Hyrkan erschien darauf mit den Nabatäern vor Jerusalem und schloß dort seinen Rivalen Aristobul ein; das Volk war zum großen Teil auf der Seite Hyrkans gegen den Sadduzäerfreund Aristobul. Zur gleichen Zeit befand sich der Beauftragte des Pompeius, Scaurus, in Damaskus. Beide jüdischen Thronprätendenten wandten sich nun an diesen um Unterstützung, und der Römer entschied sich für Aristobul, worauf die nabatäischen Belagerungstruppen sogleich (auf römischen Befehl) in ihre Heimat zurückkehrten und Hyrkan im Stiche ließen. Im Frühjahr 63 erschien nun Pompeius selbst in Damaskus, und beide jüdischen Parteien buhlten um seine Gunst, wobei interessanterweise neben den streitenden Brüdern auch „das Volk" eine Delegation zu Pompeius entsandte, um ihn wissen zu lassen, daß es im Grunde keinen der beiden Thronprätendenten wollte, da es bei ihnen alte Sitte sei, nur von Priestern regiert zu werden (Ant. 14, 3, 2).

Falls diese von Josephus berichtete Begebenheit überhaupt historisch sein sollte, so drückt der Gedanke von der Wiederherstellung der weltlichen Funktionen der Priesterschaft nur die Abneigung des Volkes gegen das Hasmonäergeschlecht aus. Die pro-pharisäischen Volksvertreter konnten an einer Berufung der sadduzäischen Priester zu weltlichen Regenten gewiß nicht interessiert gewesen sein. 20 Jahre später, in den ersten Regierungsjahren des Herodes, wiederholte sich ein solcher Vorgang gleich dreimal, daß jüdische Delegierte dem römischen Kaiser nahelegten, die Juden doch von dem halbunabhängigen Königtum zu befreien. Auch beim Tode des Herodes reiste eine Delegation aus gleichem Anlaß zu Augustus. In den Ps. Sal. 17, 4—6 hat die ablehnende Haltung gegenüber dem Hasmonäergeschlecht einen Niederschlag gefunden, denn das Königtum kam, nach Auffassung weiter Kreise des Volkes, allein der davidischen Dynastie zu.

Pompeius, der mit dem Feldzug gegen die Nabatäer beschäftigt war, wollte zunächst eine endgültige Entscheidung hinausschieben, aber als Aristobul Anstalten machte, gegen Pompeius zu ziehen, wozu ihn seine Söldner veranlaßt zu haben scheinen (Ant. 14, 4, 4), ließ Pompeius Aristobul gefangennehmen und die befestigte Stadt Jerusalem belagern. Dort war inzwischen das Volk uneinig geworden, ob es überhaupt einen Sinn hätte, sich zu verteidigen, oder ob man nicht doch wegen des gefangengesetzten Königs kämpfen sollte. Während in der Stadt noch eine Art von Bürgerkrieg herrschte, übergaben Parteigänger des Hyrkan Pompeius die Stadt, und die Römer richteten unter Beteiligung einzelner Juden (den Anhängern des Hyrkan) ein Blutbad an. Der Tempel wurde von Pompeius zwar eingehend besichtigt (Tacitus, Hist. V,9), aber nicht zerstört und Hyrkan erneut zum Hohenpriester ernannt. Pompeius machte Jerusalem tributpflichtig, und fast das gesamte nicht-jüdische Gebiet, die Eroberungen des Hyrkan I. und des Alexander Jannai, gingen verloren. Das Gebiet der Jerusalemer Gemeinde unter der Herrschaft eines Hohenpriesters beschränkte sich jetzt auf die alte Provinz Judäa, zu der Peräa (ein Streifen des südl. und mittleren Ostjordanlandes) und Galiläa sowie Idumäa hinzukamen; einen Zugang zur Küste besaß dieser Staat nicht mehr. Samaria wurde der römischen Provinzverwaltung Syria unmittelbar unterstellt.

Unter der Hohenpriesterschaft des Hyrkan II. (63—40) versuchte ein Sohn des Aristobul, Alexander, in Jerusalem zur Macht zu gelangen, was der römische Statthalter jedoch verhindern konnte; auch der aus Rom entflohene Aristobul mußte bald seine Pläne aufgeben und wieder in die römische Gefangenschaft zurückkehren.[156]) In Jerusalem war inzwischen Antipater zu immer größerem Einfluß

156) In Rom befanden sich zu dieser Zeit bereits Juden, und nach 63 brachte Pompeius aus Jerusalem eine größere Zahl von Juden als Gefangene nach Rom, die dort auf dem Sklavenmarkt verkauft wurden (Philo, Legat. ad Cajum 23). Vielen von ihnen gelang es, sich aus dem Sklavenstande emporzuarbeiten und sich als Freigelassene in Rom definitiv niederzulassen (vgl. Cicero, Pro Flacco 28). In der Zeit des Augustus soll es 8000 Juden in Rom gegeben haben (Josephus, Ant. 17, 11, 1). Auf Grund der ihnen von Caesar und Augustus gewährten Privilegien besaßen die römischen Juden Religionsfreiheit, Zivil- und Strafgerichtsbarkeit und das Recht der autonomen Verwaltung ihres Besitzes.

gelangt und führte praktisch die Regierungsgeschäfte des schwachen Johann Hyrkan II.

Im Jahre 49 überschritt Caesar den Rubicon, und Pompeius und seine Anhänger zogen sich in die östliche Reichshälfte zurück. Caesar wollte nun, daß der in Rom gefangengehaltene Aristobul nach Syrien zurückkehre, um dort zu helfen, die Anhänger des Pompeius zu bekämpfen; Aristobul wurde aber vor der Abreise von Genossen des Pompeius ermordet. Hyrkan und Antipater, zunächst Parteigänger des Pompeius, wechselten alsbald das Lager und sandten Caesar Hilfstruppen, die Antipater selbst anführte; er eroberte Pelusium für Caesar. Pompeius war inzwischen an der ägyptischen Deltaküste ermordet worden (48). Als Caesar nun nach Syrien kam, belohnte er Hyrkan mit der erblichen Hohenpriesterwürde und verlieh ihm den Titel „Ethnarch"; Antipater erhielt das römische Bürgerrecht und wurde zum römischen Prokurator über Judäa ernannt; er bekam also die offizielle Bestätigung seiner bisherigen Funktion als oberster Verwaltungsbeamter Judäas, das nun durch die Rückgabe der Hafenstadt Joppe wieder Zugang zum Meer hatte, und dessen Gebiet auch noch durch die Jesreel-Ebene erweitert wurde (47).

Die Stellung des Antipater war nun durch Rom soweit gefestigt, daß er daran denken konnte, seine Hausmacht auszubauen. Seinem ältesten Sohn, Phasael, übertrug er den Befehl über Jerusalem und seine Umgebung, dem zweitältesten Sohn, Herodes, vertraute er Galiläa an. Herodes verstand es, sich mit dem römischen Landpfleger über Syrien, Sextus Caesar, gut zu stellen, indem Herodes einen Räuberhauptmann (oder war es ein Rebell gegen die Römer?) samt dessen Anhang töten ließ (Ant. 14, 9, 2). Das gab den Jerusalemer Juden, die schon lange gegen die Familienherrschaft des Antipater eingestellt waren, Gelegenheit, Herodes wegen Mordes anzuklagen, da für die Vollziehung der Todesstrafe damals allein der aus Priestern und Laien zusammengesetzte Rat zuständig war.

Herodes trat vor dem Gericht sehr selbstbewußt auf; offenbar wußte er, daß Sextus Caesar Hyrkan davor gewarnt hatte, Herodes verurteilen zu lassen. In einer Verhandlungspause gab Hyrkan dem Herodes den Rat, aus Jerusalem zu entweichen. Bald aber kehrte Herodes mit eigenen Truppen zurück und war nur durch den Machtspruch seines Vaters Antipater dazu zu bewegen, sich einstweilen ruhig zu verhalten (Ant. 14, 9, 4. 5).

An den Iden des März 44 wurde Caesar ermordet, und die verschiedenen Gruppen in Jerusalem suchten die Gunst der jeweiligen römischen Machthaber. Antipater fiel einer Verschwörung zum Opfer, aber der Einfluß seiner Söhne war nicht mehr zu brechen. Als im Jahre 40 die Parther Syrien besetzten, konnte Antigonus (40—37), ein Sohn Aristobuls, mit Hilfe der Parther für drei Jahre sich des Königstum und der Hohenpriesterschaft in Jerusalem bemächtigen und Herodes vertreiben. Herodes Bruder Phasael beging Selbstmord. Dem Hyrkan II. ließ Antigonus die Ohren abschneiden, um ihn für das Hohepriesteramt untauglich zu machen; die Parther verschleppten Hyrkan dann nach Babylon, wo es eine starke jüdische Gemeinde gab. Herodes wandte sich nach Rom und erreichte, zum König über Judäa ernannt zu werden; die Verwirklichung dieses Beschlusses mußte er allerdings selbst in die Hand nehmen. Nach einigen Verzögerungen konnte er schließlich mit Hilfe römischer Truppen Jerusalem einnehmen; Antigonus wurde auf Herodes' Wunsch von den Römern in Antiochia hingerichtet (37). Damit endete die zuletzt ohnehin nur äußerst begrenzte Herrschaft der Hasmonäer, und Herodes, ein mit der Enkelin Hyrkans (Ant. 14, 12, 1) verheirateter Idumäer (seine Mutter war Nabatäerin) kam auf den Thron der römischen Provinz Judäa.

Lange bevor durch Herodes der Makkabäerherrschaft ein Ende bereitet wurde, hatten die Hasmonäer im Volke bereits die Unterstützung verloren, wie aus der Stellungnahme der jüdischen Delegation bei Pompeius (Ant. 14, 3, 2) hervorgeht. Das Volk wollte lieber eine römische

Fremdherrschaft erdulden, wenn diese das innere Gesetz der Gemeinde, die Thora, respektierte, als sich der Herrschaft eines nach eigenem Gutdünken waltenden jüdischen Königs unterwerfen.

Typisch ist das Gebet eines frommen Mannes, Honia, den die Anhänger des Hyrkan aufgefordert hatten, Aristobul feierlich zu verfluchen: „O Gott, du König des Alls, da die jetzt um mich Stehenden dein Volk sind, die Belagerten aber deine Priester, so bitte ich dich, du wollest weder jene gegen diese erhören, noch erfüllen, was diese gegen jene erflehen" (Ant. 14, 2, 1; vgl. Taanith 23a).

Die oft blutige Gewaltherrschaft der Hasmonäer und die bald nach Beginn ihrer Regierung ausbrechenden Thronkämpfe innerhalb des eigenen Geschlechtes führten in der pharisäischen Bewegung zu einem — heute nicht mehr genau zu datierenden — Schisma, aus dem die Essener[157]) hervorgingen, über die Josephus und Philo berichten: (Josephus, Ant. 13, 5, 9; 15, 10, 4 f.; 18, 1, 5; Bell. Jud. II, 8, 2—13. Philo, Quod Omnis Probus Liber XII, vgl. auch Hypothetica 11, 1—18. vgl ferner Plinius, hist. nat. 5, 17). In den engeren oder weiteren Kreis dieses essenischen „Bundes" (das dürfte wohl die zutreffendste Bezeichnung für diese Gruppe sein), mag auch die Gemeinde vom Toten Meer, deren „Kloster"-Bibliothek in den letzten Jahren entdeckt wurde, gehört haben. Es ist kein Zufall, daß ihre Siedlung von Chirbet Qumran, wie der archäologische Befund zeigt, in der Zeit des Johann Hyrkan I. (135—104) angelegt wurde.[158]) Die Essener waren eine in halbmönchischer Gemeinschaft lebende Gruppe von Juden, denen aller Besitz gemeinsam war. Sie standen unter der Kontrolle und Aufsicht von Vorstehern; Freiheit besaßen sie nur zur Ausübung von Hilfe und Wohltaten. Sie führten ein genau geregeltes System von sakralen Mahlzeiten und Waschungen ein; als

157) Die Bedeutung der Bezeichnung „Essener" ist noch ungeklärt. Wahrscheinlich handelt es sich um eine Übersetzung des syrischen Wortes ḥase (hebr. ḥasid) — fromm.

158) Vgl. de Vaux, R. B. 61, 1954, S. 206 ff.

Symbol für die von ihnen angestrebte Reinheit kleideten sie sich weiß. Die Essener verfügten über eine Engellehre, glaubten an die Vorherbestimmung und waren, wie Josephus behauptet, Experten für Weissagung. Sie beschäftigten sich mit der Landwirtschaft, und eine Gruppe von ihnen lehnte die Heirat ab; diese Gruppe nahm fremde Kinder auf, die von frühester Jugend an in das Brauchtum des Essenerbundes eingeführt wurden. Wer in den Bund aufgenommen werden wollte, erhielt nicht sogleich Zutritt; der Novize mußte vielmehr zunächst außerhalb des Ordens ein Jahr lang in derselben Weise wie die Mitglieder leben. Die Sabbatgebote hielten die Essener strenger als die übrigen Juden.

Ähnliches gilt für die Gemeinde am Toten Meer:[159]) Diese Gemeinde nennt sich „Einung" oder „der neue Bund"; sie ist hierarchisch gegliedert; das Zölibat hat sie nicht eingeführt, nur Polygamie ist verpönt. Man wird in diese Gemeinschaft nicht hineingeboren, sondern muß nach einem strengen Ausleseprinzip aufgenommen werden. Die Mitglieder dieses Bundes leben, essen und beten zusammen; das „Kloster" enthält dafür einen Saal von 22 m Länge. Im allgemeinen vollziehen sie ihre rituellen Handlungen in Zehner-Gruppen unter einem Priester. Sie nehmen ihre Tauchbäder im Meer, um der Forderung nach höchster Reinheit zu genügen; „Männer der Reinheit, der Heiligkeit" ist eine Bezeichnung der Vollmitglieder. Der Wandel der Angehörigen dieses Bundes wird streng beaufsichtigt, und ein Strafsystem, das Essensentzug oder, in schlimmen Fällen, Ausschluß (auf bestimmte Zeit oder

159) Vgl. die Textausgaben: The Dead Sea Scrolls of St. Mark's Monastery 2 Bde., ed. Millar Burrows u.a. 1951; Ozar hammegilloth haggenuzoth, ed. E. L. Sukenik, 1954; Discoveries in the Judaean Desert I, Qumran Cave I, ed. Barthélemy-Milik u.a., 1955. Aus der Vielzahl der über die Qumransekte entstandenen wissenschaftlichen Literatur nennen wir nur Rowley, The Zadokite Fragments and the Dead Sea Scrolls, 1952; Molin, Die Söhne des Lichtes, 1954 (mit Textproben in deutscher Übersetzung); Baumgartner, Schweizer. Theol. Umschau, 24, Nr. 3, 1954, S. 49 ff. Dupont-Sommer, RHPhR, 35, 1955, S. 75 ff. (ausführlicher Rückblick mit reichen Literaturangaben über die wissenschaftliche Forschung über Essener und Qumransekte). Millar Burrows, The Dead Sea Scrolls (mit engl. Übersetzungen) 1956 (Deutsche Ausgabe 1957).

für immer) vorsieht, sorgt für Disziplin. Reinheit und Wahrheit sind wichtige Begriffe der Gemeinde; Gehorsam gegen Gott und Bruderliebe stehen nebeneinander; Böses soll mit Gutem vergolten werden. Die Möglichkeit der „Umkehr" ist jedem gegeben. Man weiß, daß Ströme von Reinigungswasser nicht helfen, wenn die rechte Gesinnung fehlt. Zwei Geister ringen im Menschen um die Herrschaft, der der Wahrheit und der des Unrechts. Die Menschheit zerfällt in zwei Gruppen: „die Söhne des Lichts" und „die Söhne der Finsternis". In diesem Streit werden die Kinder des Lichtes von Gott unterstützt, und der Kampf währt so lange, bis am Ende des Äons die Herrschaft des Bösen, deren Symbol Belial (der Engel der Finsternis) ist, ihr Ende findet.

Das Zeitenende wird bereits als so nahe bevorstehend gedacht, daß von Männern dieses Qumranbundes Schriften mit Anweisungen verfaßt werden, welche Vorkehrungen am Ende der Zeiten zu treffen seien. Dieser Bund hat ein besonderes Interesse an den uns auch aus dem apokryphen und pseudepigraphischen Schrifttum her bekannten apokalyptischen Vorstellungen, die sich auch im 2. Teile des Buches Daniel (Kap. 7—12) finden. In der Zeit der Verfolgung durch Antiochus IV. gewinnt die Überzeugung Raum, daß die Zeit der Weltherrschaften abgelaufen sei, und das Kommen der Gottesherrschaft unmittelbar bevorstehe. Im 3. Jahrhundert hatte ein ähnliches Geschichtsbild unter Verwendung von außerisraelitischen Weltzeitalter- und Weltgeschichtsschemen auch den Gegensatz von Weltherrschaft und Gottesherrschaft enthalten, aber man hatte das Ende des Äons noch nicht als so nahe empfunden, sondern war nur des Ablaufs der verschiedenen Herrschaften gewiß, weil am Ende das Königtum Gottes stehen muß (vgl. Dan. 2).

Dieses Ideengut ist grundsätzlich der pharisäischen Geisteswelt keineswegs so fremd oder entgegengesetzt, wie gelegentlich behauptet wurde. Von der pharisäischen Bewegung haben sich die apokalyptisch ausgerichteten Gruppen, wie sie uns in den Essenern und in der Gemeinde von Qumran entgegentreten, abgespalten. Man beruft sich allerdings oft auf Zeugnisse für das „echte Pharisäertum", die aber in Wirklichkeit eine spätere Entwicklung der pharisäischen Theologie widerspiegeln. Nach der Zerstörung des Tempels (70 n. Chr.) wurden apokalyptische Spekulationen und messianische Naherwartung zunächst tatsächlich in den Hintergrund gedrängt, weil die Rabbinen befürchteten, diese könnten die vitalen Lebensprobleme der nun ohne Heimat und Nation lebenden Juden vernebeln. Auch die Gefahren der Engel- und Dämonenlehre wurden zu jener späten Zeit erkannt und — jedenfalls im palästinensischen Talmud — als dualistisch abgelehnt. Askese, Allegorie, Pessimismus und Determinismus hingegen sind Begriffe, die der pharisäischen Geisteswelt ebensowenig fremd sind, so, wie auch die Gesetzesauffassung der Essener und Qumransektierer mit wenigen Ausnahmen (Verbot der Polygamie und der Nichtenehe, Meidung des Tempels in Jerusalem) im wesentlichen pharisäisch ist. Das Prinzip des Abgesondertseins, das den Pharisäern den Namen gegeben hat, wurde aber nun bei Essenern und Qumransektierern mit der äußersten Konsequenz in allen Lebensbereichen durchgeführt.

Allen diesen Richtungen ist die Beeinflussung durch den Hellenismus gemeinsam. Gerade das konventartige Leben der Essener und der Gemeinde vom Toten Meer ist eine echt hellenistische Lebensform auf palästinensischem Boden; auch die Ansätze zum Dualismus sowie das Tauf- und Waschritual können auf fremde Einflüsse zurückgeführt werden, was im Einzelnen jedoch noch der Aufklärung bedarf. Ferner lassen sich gewisse als „prä-gnostisch" zu bezeichnende Züge feststellen.[160]) Der Ansatz zum Dualismus hingegen braucht nicht notwendigerweise aus dem iranischen Bereiche zu stammen, wie angenommen wurde, da er sich auch allgemein im hellenistischen Synkretismus

160) Vgl. Schoeps, ZRGG, 6, 1954, S. 276 ff.; K. Schubert, S. 85 ff.; B. Reicke, New Testament Studies I, Nr. 2, 1954, S. 137 ff.

der ersten beiden vorchristlichen und nachchristlichen Jahrhunderte findet.

Dazu kommt, daß die Vorstellung von den zwei feindlichen Geistern in der Seele des Menschen nicht typisch mazdäisch, sondern manichäisch ist; die Lehre Manis stammt eher aus dem hellenistischen als aus dem iranischen Kulturkreis (vgl. de Menasce, RHPhR, 35, 1955, S. 93). In diesem hellenistischen Synkretismus leben auch noch alte babylonische Elemente weiter (vgl. Widengren, Mesopotamian Elements in Manichaeism, 1946, S. 15 ff.; 31 ff.). All das bedeutet natürlich nicht, daß in das nachexilische Judentum nicht auch iranische Vorstellungen Eingang gefunden hätten, doch wirkte sich der Hellenismus weit stärker aus (vgl. Duchesne-Guillemin, Ormazd et Ahriman, 1953, S. 83 f.).

Eine den Essenern und Qumransektierern ähnliche, in der Nähe von Alexandrien ansässig gewesene Gruppe, die Therapeuten, beschreibt Philo (De vita contemplativa). Der wesentlichste Unterschied zu den beiden genannten „Bünden" scheint darin zu bestehen, daß die Therapeuten nur am Sabbat zu gemeinsamem Mahl und gemeinsamer Schriftverlesung zusammenkamen. Zu dieser heiligen Versammlung waren auch Frauen zugelassen, die getrennt von den Männern hinter einer Wand saßen; viele von ihnen, schreibt Philo, seien „jungfräuliche Greisinnen". Sonst finden wir bei den Therapeuten eine den Essenern und Qumransektierern ähnliche Lebens- und Denkweise: Häufiges Fasten, Schätzung der Keuschheit, Traummantik, Verwerfung von Handel und Sklaverei, besondere Art der Schrifterklärung. Die Essener sind eher praktische Lebensreformer gewesen, wenn auch auf sektiererische und abseitige Weise, die Therapeuten dagegen Theoretiker, die sich, jeder für sich, der religiös-philosophischen Spekulation widmeten, und nur am Sabbat eine Art von Gemeinschaftsleben pflegten. Wie die Essener beten auch die Therapeuten bereits am Morgen bei Sonnenaufgang; bei dem gemeinsamen sabbatlichen Festmahl kleiden sie sich weiß und genießen eine „hochheilige Speise"; Wein ist den Therapeuten verboten. Sie bringen in ihre Häuser weder

Nahrungsmittel noch was sonst dem körperlichen Bedarf dient, sondern nur die heiligen Schriften. Zu diesen gehören bei Therapeuten und Qumransektierern sowohl die alttestamentlichen Bücher und die heute als Apokryphen und Pseudepigraphen bezeichneten Schriften als auch allegorische Kommentarwerke zum A.T. Wie die Qumransektierer sollen auch die Therapeuten Hymnen gedichtet haben, die sie am Sabbat vortrugen.[161])

18. Die Regierung des Herodes (34—4)

Herodes trat sein Königtum als römischer Vasall an, der in inneren Angelegenheiten des Staates selbständig handeln konnte und der keinem Provinzstatthalter, sondern dem römischen princeps direkt unterstand. Diesem hatte er auf Verlangen Hilfstruppen zu entsenden, war aber frei von Abgabepflichten. Nach der Schlacht von Aktium (31) wechselte Herodes schnell die Partei und ging von Antonius zu Augustus über; die Belohnung bestand in der Rückgabe der von Antonius der Kleopatra geschenkten palästinensischen Gebiete (Joppe, Jericho); ferner konnte Herodes seinem Reich die Provinz Samaria sowie zwei im nördl. Ostjordanland gelegene Städte, Hippos und Gadara, einverleiben. Der erste Abschnitt seiner Regierungszeit ist durch zahlreiche Morde an den verbliebenen Mitgliedern des Hasmonäergeschlechts gekennzeichnet. Sogar seine eigene Frau Mariamne befand sich unter den Opfern (vgl. das recht vollständig klingende Sündenregister Ant. 17, 11, 2). Innerhalb der Jerusalemer Gemeinde schaltete Herodes völlig eigenmächtig und setzte willkürlich Hohepriester ein und wieder ab. Zunächst ließ er den aus priesterlichem Geschlecht stammenden Ananel aus Babylonien kommen (Ant. 15, 2, 4). Da Herodes jedoch den Forderungen der Familie seiner Frau entsprechen zu müssen glaubte, bestimmte er auf Verlangen

161) Die bisher beste Würdigung der religiösen Vorstellungen der Therapeuten hat I. Heinemann, MGWJ, N. F. 42, 1934, S. 104 ff. geboten; vgl. auch ders. Art. Therapeutai in: Paul-Wissowa Realencykl. 2. R. Bd. 52, 1934, Sp. 2321 ff.

seiner Schwiegermutter Alexandra (Tochter Hyrkans II.) den schönen Hasmonäer Aristobul zum Hohenpriester, ließ ihn aber, da er sich beim Volk als recht beliebt erwies, als möglichen Rivalen bald ermorden (Ant. 15, 3, 3). Als Herodes eine neue eheliche Verbindung einging, erschien ihm die Familie seiner Erwählten — die schöne Jüdin hieß ebenfalls Mariamne — nicht ebenbürtig; deshalb erhob er seinen neuen Schwiegervater, den Priester Simon, Sohn des Alexandriners Boëthos, zum Hohepriester und jagte dessen Vorgänger Josua weg (Ant. 15, 9, 3).[162]) Als Tyrann heidnisch-hellenistischer Prägung hatte Herodes keinerlei Beziehungen zum jüdischen Kult-Leben; und er war den Juden aller Richtungen zutiefst verhaßt.

Wie viele Despoten entfaltete Herodes eine ausgedehnte Bautätigkeit; er finanzierte diese durch hohe Steuern. Jerusalem gestaltete er zu einer griechisch-römischen Metropole. Die herodianischen Bauwerke veränderten so gründlich das Gesicht der Stadt, daß bis jetzt — mit Ausnahme des Ophel-Hügels — weder Züge des salomonischen Tempels noch frühere Befestigungen von Archäologen entdeckt werden konnten.[163]) Die Krönung seiner Bautätigkeit sollte die Ausgestaltung des 3. Tempels werden; freilich wurde dieser erst viele Jahre nach seinem Tode ganz fertiggestellt (63—64 n. Chr.).[164])

In der Form glich der Neubau einem griechischen Tempel; über dem Haupttor ließ Herodes einen goldenen Adler anbringen. Aber der Ausbau des Tempels stellt nur einen kleinen Teil seiner riesigen Bautätigkeit dar. Im

162) In der Zeit von Herodes bis zur Zerstörung des Tempels durch die Römer (also von 37 v. Chr. bis 70 n. Chr.) amtierten in Jerusalem nicht weniger als 28 Hohepriester. Das ergibt eine durchschnittliche Amtszeit von knapp vier Jahren. Die vollständige Liste findet man bei Finegan, S. 220.

163) Vgl. Albright, A. P., S. 154. Das Motiv der Bautätigkeit des Herodes hat Josephus vermutlich richtig umschrieben, wenn er meint, Herodes habe sich dadurch „ein dauerndes Andenken sichern wollen" (Ant. 15, 11, 1).

164) Zum Tempel des Herodes vgl. Barrois, Manuel d'Arch Bibl. II, 1953, S. 449 ff.; Parrot, Der Tempel von Jerusalem/Golgatha u. das Heilige Grab, 1956.

Jordantal entstand eine ganze Kette von Befestigungen und Städten, die sich von Jericho bis Banias erstreckten[165]) (Ant. 16, 5, 2). Ganz besondere Aufmerksamkeit schenkte er der Stadt Jericho, die ein Theater, eine Rennbahn und einen Turm erhielt; die Stadt erkor er sich in seinen letzten Lebensjahren zum Ruhesitz, weil er ihr angenehmes Klima schätzte; dort ist er auch gestorben. Mit großer Sorgfalt baute er die Festung Masada am Westrande des Toten Meeres aus, sowie Machärus auf der Ostseite des Toten Meeres. Die alte Stadt Samaria wurde vergrößert, mit 6000 Kolonisten bevölkert, mit offiziellen Bauten geschmückt, in ihr ein Augustustempel errichtet, und sie wurde zu Ehren des Augustus „Sebaste" genannt (die griechische Übersetzung des Wortes augustus ist sebastos). In zwölfjähriger Bauzeit schuf Herodes außerdem eine völlig neue Hafenstadt an der Mittelmeerküste, der er, wiederum zu Ehren des Kaisers, den Namen „Caesarea" gab; ihren Hafen nannte er Sebastos-Hafen.[166])

Herodes herrschte in Jerusalem als ein von Verfolgungswahn besessener, von Rom abhängiger Despot, „ein allem menschlichen Empfinden abgeneigtes Ungeheuer" (Ant. 16, 5, 4). Das Volk und seine eigene Familie haßten ihn; drei seiner Söhne ließ er im Laufe der Jahre hinrichten. Als einige Pharisäer auf das falsche Gerücht von seinem Tode den goldenen Adler über dem Tempeltor entfernt hatten, richtete er unter den Pharisäern ein Massaker an. Allerdings konnte Herodes durch seine guten Beziehungen zu Rom und seine zahlreichen Wirtschaftsunternehmungen dem Lande einen gewissen Wohlstand sowie Ruhe vor Angriffen feindlicher Nachbarn verschaffen. Herodes zeigte alle Merkmale eines Emporkömmlings; Josephus berichtet, daß der Kaiser gesagt haben soll, Hero-

165) Vgl. Glueck, The River Jordan, 1946, S. 221 ff.

166) Zu den Bauunternehmungen des Herodes vgl. Abel, Hist. de la Palestine, I, 1952, S. 363 ff.; Noth, S. 371 ff. u. Welt d. A. T.³, S. 93 f.; Parrot, Samarie, S. 78 š.; zu den Ausgrabungen in Masada vgl. Avi-Yonah u. a., Israel Explor. Journ. VII, 1, 1957, S. 1—65.

des' Reich sei für seine Prachtliebe viel zu klein, es müßten eigentlich noch Syrien und Ägypten hinzukommen (Ant. 16, 5, 1). In seiner Großmannssucht und seinem Glanz lebte Herodes völlig abgesondert inmitten der Juden; er war und blieb ein Fremder unter ihnen, dem sie nur Abneigung entgegenbringen konnten (Ant. 16, 5, 4). Vom inneren Leben des von ihm regierten Landes, seinen geistigen Kräften, hat Herodes wohl kaum etwas gewußt oder verstanden, denn er war nicht nur von nichtjüdischer Abstammung, sondern auch geistig ein Grieche, ein König der Juden, aber kein jüdischer König.

Als er im Jahre 4 v. Chr. starb, gab es gewiß wenige, die um ihn trauerten; sein Leib wurde von Jericho in das Herodeion gebracht, das er sich als Grabstätte erbaut hatte.

Die Juden waren übrigens nicht einmal durch Folter dazu zu bewegen, Herodes „König" zu nennen (Strabo bei Josephus, Ant. 15, 1, 2), doch hat sich die Masse der Pharisäer aus einer aktiven Opposition gegen Herodes herausgehalten; sie gingen in die „innere Emigration". Hier macht sich nun bei den Führern der pharisäischen Bewegung ein Wandel bemerkbar. Noch Simon b. Šatah griff als Regierungsberater direkt in die Politik ein; Šemaja und Abtalion, die Zeitgenossen des Herodes, hingegen, mischten sich nicht mehr in die Staatsgeschäfte ein. Šemaja sprach: „Liebe die Arbeit und scheue die Obrigkeit und verkehre nicht mit den Machthabern" (Abot, I, 10). Der „Widerstand" dieser pharisäischen Kreise beschränkte sich darauf, Herodes den Treueid zu verweigern (Ant. 15, 10, 4). Diese Weigerung kann jedoch keinen anderen Grund gehabt haben als die Abneigung der Pharisäer, beim Namen Gottes zu schwören, sonst wäre Herodes der letzte gewesen, ihnen den Treueid zu erlassen. Aus dem ehemaligen pharisäischen Regierungsbeirat wird nun ein sich mit der praktischen Auslegung und Anwendung der Lehre beschäftigendes Gelehrtenkollegium, dessen Geschichte auch heute noch nicht mit Sicherheit zu schreiben ist, da wir über dieses „Sanhedrin" vor allem nur Nachrichten aus späterer Zeit besitzen. Das Problem wird durch die Tatsache noch komplizierter, daß auch die Funktion der Vorgängerin des Sanhedrin, „die große Versammlung" (Ant. 12, 3, 3; Abot I, 1), nicht genau bekannt ist. Es ist möglich, daß im Laufe der Jahrhunderte drei verschiedene Körperschaften bestanden, wobei jedoch anzunehmen ist, daß diese nicht gleichzeitig nebeneinander fungierten und jeweils recht unterschiedliche Aufgaben hatten: 1. Ein durch rabbinische Gelehrte repräsentierter Gerichtshof, der für religiöse Fragen zuständig war. Dabei ging es um die Entwicklung und Auslegung der Lehre. Nachrichten über diesen Gerichtshof bietet die Mischna (z. B. Sanh. I, 6). 2. Ein durch Priester gebildeter Gerichtshof, der alle den Tempel betreffenden Fragen behandelte. 3. Ein aus Laien und Priestern zusammengesetztes Gremium, das als Verwaltungsorgan für zivile Angelegenheiten fungierte (vgl. Josephus, Ant. 12, 3, 3; 14, 9, 3 ff.; Abot I, 1). Vgl. dazu S. B. Hoenig, The Great Sanhedrin, 1953; K. Schubert, Die Religion des nachbiblischen Judentums, 1955, S. 6; 26 ff.; 210 f.

Die Annahme ist weit verbreitet, daß sich inmitten der politischen Wirren des 1. Jahrhunderts v. Chr. ein geistiges und religiöses Leben nicht habe entfalten können, und die Darstellungen in manchen Werken über die Geschichte Israels erschöpfen sich denn auch darin zu schildern, mit welchen Gewalttaten ein Thronanwärter den andern zu beseitigen suchte. Die Auffassung von der Geschichte Israels im nachexilischen Zeitalter ist außerdem noch mit einem weiteren, offenbar unausrottbaren, Vorurteil belastet. Danach wäre nach dem Auftreten Esras (manche meinen sogar durch Esra) anstelle einer lebendigen Religiosität die starre Formelhaftigkeit des sogen. „Gesetzes" getreten, ein Ritualismus, der keine echten religiösen Kräfte mehr in sich trug. Als Repräsentanten dieser „niederen" Form der jüdischen Religion werden dann oft die Pharisäer hingestellt und entsprechend charakterisiert. Eine solche Deutung der Geschichte Israels im 1. Jahrhundert v. Chr. oder auch das Schweigen über das religiöse und geistige Leben dieser Epoche wird jedoch den Tatsachen nicht gerecht.

Zur Zeit des Herodes standen zwei Lehrer an der Spitze der Hochschule, deren Aufgabe in der Pflege und Auslegung der Thora und der überlieferten mündlichen Lehren bestand: Hillel und Šammaj.[167]) Sie waren zwar die Häupter der Hochschule, hatten sie jedoch nicht gegründet, sie gehörten beide vielmehr zur letzten Generation einer Ära, die in der frühen makkabäischen Zeit mit den Lehrern Jose ben Joezer und Jose ben Johanan begonnen hatte.[168]) Solche „Paare", „Lehrpartner" (hebr. zūgōt) gab es von etwa 150 v. Chr. bis ca. 30 n. Chr. Die Biographien dieser „Paare" sind meist nicht bekannt; ihre Aussprüche sind in den „Sprüchen der Väter" gesammelt. Auch über ihre Funktionen haben wir wenig genaue Kenntnis, obwohl uns ihre Titel „Nasi" (Präsident) und „Ab Beth Din" (Chef des Gerichtshofes) überliefert sind. Die Partner innerhalb einer Gelehrtengeneration unterscheiden sich zwar durch verschiedenartige Auffassung und Behandlung gewisser gesetzlicher Einzelfragen, in der Grundlage, also Annahme der mündlichen Tradition als maßgebende Lehre,[169]) waren sie einer Meinung. Anders stand es aber um die Freiheit in Abweichung und Differenzierung gegenüber den mündlichen Traditionen sowie um die selbständige Auslegung der heiligen Schrift, für die Hillel gewisse Normen entwickelte (vgl. Tos. Sanh. 7, 11). Wohl wurden alle Lehren und Lehrer der Vergangenheit respektiert, aber der fortschrittliche Zweig innerhalb der pharisäischen Richtungen, und dazu gehörte Hillel, erkannte, daß jede Generation ihre eigene Aufgabe habe, die sich von derjenigen der vorangegangenen Generation erheblich unterscheiden kann.[170]) Hillel hatte die Majorität der Pharisäer auf seiner Seite, was auch der soziologischen Situation entsprochen haben mag, nach der

167) Vgl. Bacher, Agada der Tanaiten, I 2, 1903, S. 1 ff.; Moore, I, S. 72 ff.; Dubnow, II, S. 314 ff.; Goldin, P. T. S., S. 129 ff.; Baron, I, S. 396 f.

168) Vgl. Ginzberg, On Jewish Law and Lore (Art.: The Significance of the Halacha), 1955, S. 90.

169) Zum Begriff der mündlichen Lehre vgl. K. Schubert, S. 6 ff.

170) Vgl. Moore, I, S. 80; Maass, ZThK., 52, 2, 1955, S. 129 ff.

vor allem die wohlhabenden Schüler sich dem konservativen Lehrpartner, Šammaj, zugehörig fühlten.[171])

Šammaj stammte aus einer begüterten Familie; er wird in den uns überlieferten anekdotischen Schilderungen (Šabbat 31a; Abot R. Nathan XV, 6) als ziemlich humorlos geschildert. Der Aphorismus: „Versprich wenig und tue viel" (Abot I, 15) mag ihn gut charakterisieren. Sein anderes Wort: „Empfange jeden Menschen mit freundlichem Gesicht" (loc. cit.) widerspricht allerdings den uns über ihn überlieferten Berichten (vgl. Abot R. Nathan XV).

Hillel wurde in Babylonien geboren und wanderte nach Palästina aus, um sich dort der Lehre zu widmen und bei Šemaja und Abtalion zu studieren. In den Erzählungen über Hillel wird öfter auf seine Armut verwiesen (vgl. Joma 35b). Die zahlreichen Hillellegenden zeigen — gleichgültig wieviel wirklich Historisches sie im Einzelnen enthalten mögen —, wie sehr er dem Leben nahe stand, seine Probleme kannte und berücksichtigte. Daher war er auch jeder Rabulistik abhold; der Ausspruch: „Man lasse doch die Israeliten selbst entscheiden, denn wenn sie auch keine Propheten sind, so sind sie Kinder von Propheten" (Pesachim 66a), charakterisiert seine Denkweise ebenso wie der Satz: „Sei von den Jüngern Aarons, liebe den Frieden und strebe nach Frieden, liebe die Menschen und führe sie der Lehre zu" (Abot I, 12), oder „Meine Erniedrigung ist meine Erhöhung, und meine Erhöhung ist meine Erniedrigung" (Midr. Lev. r. Kap. 1). Daß er seinen Lehren nachlebte, zeigen die Geschichten, in denen erzählt wird, wie man ihn — freilich ohne Erfolg — aus seiner sprichwörtlichen Sanftmut und Demut herauslocken wollte (Šabbat 31a; Abot R. Nathan, XV, 5).

„Es ereignete sich, daß ein Nichtjude vor Šammaj trat und zu ihm sprach: Mache mich zum Proselyten unter der Be-

171) Vgl. Ginzberg, a.a.O., S. 103 ff.; Elbogen, Die Uberlieferungen von Hillel, Festschrift für Leo Baeck, 1938, S. 68 ff.; S. Sandmel, A Jewish Understanding of the New Testament, 1956, S. 151 ff.

dingung, daß du mich die ganze Thora lehrst, während ich auf einem Fuße stehe. Da stieß ihn Šammaj mit der Elle fort, die er in der Hand hielt. Darauf kam (der Nichtjude) zu Hillel, und dieser machte ihn zum Proselyten und sprach zu ihm: Was dir nicht lieb ist, das tue auch deinem Nächsten nicht. Das ist die ganze Lehre, und alles andere ist nur die Erläuterung; geh und lerne sie!" (Šabbat, 31a; vgl. Lev. 19, 18). Der Ausspruch: „Richte deinen Nächsten nicht, bis du in die gleiche Lage gekommen bist" (Abot II, 5) entspricht der gleichen Mentalität. Ähnliche Aussprüche sind auch von einem anderen großen Juden überliefert, der wenige Jahre nach Hillel lebte (Matth. 7, 1—3. 12; Luk. 10, 25 ff.).

Hillel und Šammaj waren nur in drei Streitfragen verschiedener Meinung (vgl. Šabbat 14b—15a). Die in der jüdischen Tradition sich findenden Gegensätze (z. B. Edujoth I, 1 ff.; IV, 1 ff. u. a.) gehen nicht auf die beiden Persönlichkeiten zurück, sondern auf die von ihnen gegründeten Schulen. Auch die Tradition schildert die Divergenzen korrekt als gegensätzliche Auffassungen zweier „Schulen". In diesen Bezeichnungen („Beth-Hillel, Beth-Šammaj") drückt sich übrigens die Wertschätzung und Bedeutung aus, die Hillel und Šammaj noch in späteren Generationen gefunden haben; ihre Persönlichkeit und Lehrmeinung wirkte schulbildend, was bei den vorangegangenen Lehrpartnern nicht der Fall gewesen war.

Es spricht für den Geist seiner Zeitgenossen, daß man gerade Hillel zum Nasi (Präsidenten) des Gerichtshofes wählte, wo er zunächst gemeinsam mit einem Partner namens Menahem (vgl. Ant. 15, 10, 5) wirkte, der dann durch Šammaj als Ab Beth Din ersetzt wurde, da Menahem sich den Essenern zuwandte und als solcher nicht mehr ein so wichtiges Amt bekleiden konnte.

19. Die Herrschaft der Nachkommen Herodes bis zur Zerstörung des Tempels durch die Römer (70 n. Chr.)

Das Testament des Herodes wurde von den Römern teilweise respektiert. Mehrere Delegationen hatten in Rom ihre verschiedenen Wünsche durchzusetzen versucht, bis Augustus entschied, daß Archelaos (Sohn des Herodes aus der Ehe mit der Samaritanerin Malthake) Judäa mit Idumäa und Samaria erhalten solle, aber ohne das Recht auf den Königstitel; er durfte sich Ethnarch nennen. Herodes Antipas, Bruder des Archelaos, und Philippos (Sohn aus der Ehe mit der Jerusalemitin Kleopatra) wurden Tetrarchen mit recht beschränktem Herrschaftsgebiet: Herodes Antipas erhielt Galiläa und Peraea, Philippos die Trachonitis, Batanaia und Auranitis; Herodes Schwester Salome bekam die Städte Ašdod, Jamnia und die herodianische Neugründung Phasaelis im Jordangraben. Die Stimmung des Volkes nach dem Tode des Herodes war sehr gespannt (Ant. 17, 10, 1 ff.): „So war Judäa eine wahre Räuberhöhle" (Ant. 17, 10, 8). Unzufriedenheit herrschte gegenüber Rom und gegenüber den Nachfolgern des Herodes, so daß sich Augustus gezwungen sah, den Archelaos nach 10 Regierungsjahren abzusetzen (6. n. Chr.) und nach Gallien zu verbannen. Das war für die Römer ein willkommener Anlaß, Judäa (mit Samaria und Idumäa) nun direkt dem römischen Reich einzuverleiben und als Provinz einem Prokurator (Landpfleger) zu unterstellen; dieser nahm seinen Sitz in der von Herodes gegründeten Hafenstadt Caesarea. Er war für die Steuererhebung und die öffentliche Ordnung zuständig, soweit sie mit der Abhängigkeit von Rom zusammenhing. Die innere Verwaltung besorgten die Juden selbst. Grundsätzlich respektierten die Römer die religiöse Empfindlichkeit der Juden; z. B. wurden die Soldaten angewiesen, keine Kaiserbilder durch Jerusalem zu tragen. In der Praxis zeigte es sich jedoch, daß zwar von Rom gewisse tolerante Bestimmungen erlassen worden waren, deren Durchführung aber dem jeweiligen Landpfleger oblag, der weitgehend nach eigenem Ermessen entscheiden konnte. Besonders willkürlich verfuhr Pontius Pilatus (26—36), dessen Grausamkeit auch Philo von Alexandrien bezeugt (Legatio ad Gaium 38).

Dem Herodes Antipas (4. v. Chr.—39 n. Chr.), der über Galiläa und Peraea regierte, war eine längere Herrschaft als dem Archelaos beschieden. Als ein echter Sproß des Herodes versuchte er, wie sein Vater es getan hatte, sich bei den Römern einzuschmeicheln; so gründete er am Westufer des Sees Genezareth eine Stadt, die er nach dem damaligen Kaiser Tiberius (dem Stiefsohn und Nachfolger des Augustus), Tiberias nannte; ferner baute er Betharamphta aus und gab der Stadt den Namen Livias, nach der Gemahlin des Augustus und Mutter des Tiberius.

Während eines Besuches in Rom lernte Herodes Antipas die Herodias (eine Tochter des von Herodes I. ermordeten Aristobuls) kennen. Sie lebte dort als Ehefrau seines Stiefbruders Herodes, einem Sohn von Herodes I. und dessen Gattin Mariamne (Tochter des Hohenpriesters Simon). Die beiden Stiefbrüder Herodes Antipas und Herodes kamen überein, daß Herodes Antipas die Herodias ehelichen könnte, freilich unter der Bedingung, daß er vorher seine erste Gemahlin, eine Tochter des Nabatäerkönigs Aretas IV., verstoße. Wegen dieser Heirat mit der Herodias geriet Herodes Antipas in einen Konflikt mit den Nabatäern, so daß die Römer eingreifen mußten. Beeinflußt von seiner sehr ehrgeizigen Frau Herodias, strebte er später nach der Königskrone. Diese Anmaßung mißfiel jedoch dem römischen Kaiser C. Caligula, so wurde Herodes Antipas — möglicherweise auch auf Betreiben eines anderen Herodianers, Agrippa, — im Jahre 39 n. Chr. nach Gallien verbannt. Herodes Antipas war es auch, der Johannes den Täufer hatte hinrichten lassen (Ant. 18, 5, 2), weil er argwöhnte, die religiösen Lehren des Johannes hätten irgendeinen verborgenen aufrührerischen Hintergrund. Soweit hatte sich dieser römische Statthalter herodischer Abstammung schon von der jüdischen Geisteswelt entfernt, daß er den Unterschied zwischen dem Königtum Gottes und der weltlichen Herrschaft nicht sah und einen Menschen töten ließ, dessen Lehre von der Umkehr echtes prophetisches Gut enthielt. Wahrscheinlich hatte sich Johannes in der

Öffentlichkeit auch gegen die verbotene Ehe des Herodes Antipas (vgl. Lev. 18, 16) gewandt, und so war Herodias an der Ermordung des Johannes nicht unschuldig (Matth. 14, 1 ff.).

Der dritte Sohn des Herodes, Philippos, der über Gebiete im Ostjordanland als Tetrarch herrschte, führte das geruhsamste Leben der Erben des Herodes I. Er war mit der Tochter der Herodias (aus ihrer ersten Ehe mit Herodes) Salome, verheiratet. Am Nordufer des Genezareth-Sees baute Philippos Bethsaida aus und nannte die Stadt Julia, zu Ehren der Tochter des Augustus. Seine Residenz war Caesarea Philippi an der östlichen Jordanquelle. Als Philippos 34 n. Chr. kinderlos starb, wurde sein Gebiet zwar der Provinz Syria einverleibt, aber bereits drei Jahre später erreichte es Agrippa, ein Bruder der Herodias und Enkel des Herodes I., das Gebiet des Philippos zu erhalten und, damit verbunden, die Königswürde. Die Verleihung war übrigens für seine Schwester Herodias der Anlaß gewesen, das Königtum auch für ihren Gemahl zu beanspruchen, und dieser Versuch endete, wie bereits erwähnt, mit der Verbannung des Herodes Antipas, die Herodias erstaunlicherweise sogar teilte.

Nach der Absetzung des Herodes Antipas erhielt Agrippa auch Galiläa und Peraea zugewiesen (39), sowie, nach der Ermordung des Caligula, von Claudius auch noch Judäa mit Samaria und Idumäa (41). Aber bereits 44 starb Agrippa plötzlich. Der von Josephus als ein frommer Mann geschilderte Agrippa war nicht ohne Großmannssucht und gewiß keine bedeutende Persönlichkeit.

Da die Juden unter der Regierung Agrippas noch einmal für kurze Zeit wenigstens einen Rest von Freiheit besaßen, waren sie diesem Fürsten offenbar recht wohlgesinnt. Sie vergaßen sogar, daß Aprippa als Nachkomme des Herodes ein Fremder war. Die Stimmung in der damaligen Zeit gegenüber Agrippa kommt in der folgenden legendären Mischnastelle zum Ausdruck: „Der König Agrippa stand auf, nahm sie (die Thorarolle) in Empfang und las stehend vor, und die Weisen lobten ihn deshalb. Als er zum Schriftvers: „Du darfst über dich keinen Fremdling (zum König) einsetzen“ (Dt. 17, 5) gelangte, flossen Tränen aus seinen Augen. Da sprachen sie zu ihm: Sei getrost Agrippa, du bist unser Bruder ...“ (Sota VII, 8).

Nach Agrippas Tode wurde das gesamte Herrschaftsgebiet als römische Provinz unter einem Statthalter eingezogen. Diese Provinz hieß Judäa.

In unserer Darstellung haben wir die Schilderung eines Ereignisses und einer Persönlichkeit noch nachzuholen, die beide freilich nur bedingt in einer Geschichte Israels in Palästina ihren Platz haben: Der Aufstand der Alexandriner gegen die Juden sowie die Persönlichkeit des Jesus von Nazareth, dessen entscheidende Bedeutung und Wirkung gerade darin liegt, daß er sich, wenn auch vielleicht unbeabsichtigt, aus der Geschichte Israels hinausbewegt. Caligula, der sich für einen Gott hielt, verlangte die Aufstellung von Kaiserbildern in allen Heiligtümern seines Herrschaftsgebiets. Den Juden Jerusalems war es, nicht zuletzt dank dem Verständnis des römischen Statthalters Petronius, nach einigem Hin und Her gelungen, dem Zwang zum Kaiserkult auszuweichen. In Alexandrien hingegen vermochte ein Volksredner namens Apion die Bevölkerung gegen die dort ansässigen Juden aufzuhetzen, weil sie sich geweigert hatten, in ihren Synagogen Kaiserstatuen aufzustellen. Als Agrippa im Jahre 38 auf der Heimfahrt von Rom nach Palästina in Alexandrien Halt machte, um sich dort als neuernannter König über Galiläa und Petraea feiern zu lassen, kam es zu schweren Ausschreitungen gegen die Juden. Der römische Statthalter in Alexandrien, Flaccus, behandelte die Angelegenheit nicht mit dem gleichen Wohlwollen wie sein Kollege Petronius (vgl. Philo, In Flaccum 24 ff.), und daher versuchten die Juden, ihr Recht in Rom selbst zu finden, sie schickten eine Gesandtschaft nach Rom, der auch der Philosoph Philo[172]) angehörte, ohne aber etwas auszurichten. Erst als Caligula ermordet worden war und Claudius die Nachfolge angetreten hatte, wurde der Befehl, Kaiserstatuen in den Synagogen aufzustellen, aufgehoben (41) (vgl. Sota 33a).

Das Auftreten des Jesus von Nazareth fällt in die Regierungszeit des Herodes Antipas, Tetrarch von Galiläa und Peraea und in die des römischen Prokurators Pontius Pilatus (26—36), der in Caesarea seinen Amtssitz hatte. Jesus predigte an den Ufern des Sees Genezareth in den Kreisen der einfachen jüdischen Bevölkerung; er fand dort Männer, die sich seinem Wege anschlossen.[173]) Was Jesus seinen jüdischen Brüdern zu sagen hatte, war den Lehren anderer jüdischer Lehrer seiner Zeit verwandt;[174]) er ist in vielem der geistige Erbe einer langen Reihe von jüdischen Apokalyptikern gewesen. Was Jesus jedoch von allen andern zeitgenössischen jüdischen Lehrern und Predigern unterscheidet, ist nicht seine Ethik, sondern das Bewußtsein, der Messias zu sein. Als er anläßlich eines Passahfestes in Jerusalem auftrat, wurde er verhaftet und dem Synhedrion zur Aburteilung übergeben, das für die Verurteilung von Gotteslästerern zuständig war, denn der

172) Philo von Alexandrien (ca. 20 v. Chr. bis 50 n. Chr.) war der führende jüdische Apologet im hellenistischen Zeitalter. Ihm lag daran, den Universalismus der jüdischen Religion gegenüber seinen hellenistischen Zeitgenossen zu beweisen, und dazu bediente er sich griechischer Begriffe, zumal er zeigen wollte, daß das Judentum eine philosophische Religion sei, die das Ideengut der platonischen Tradition enthalte. Philo benutzte zu diesem Zwecke die allegorische Deutung des Pentateuch, durch die er jeden Anthropomorphismus im alttestamentlichen Text vermeiden und partikularistische Tendenzen in universalistische umdeuten konnte. Seine Wirkung hat Philo nicht auf das palästinensische Judentum, sondern vor allem auf die jüdische Diaspora seiner Zeit und später auf die spätantiken Philosophen und Kirchenväter gehabt, zumal Philo und die hellenistische jüdische Literatur seiner Epoche nicht nur in der Sprache, sondern auch im Geiste hellenisiert waren. Hier bot sich für das frühe Christentum eine Chance, an ein rabbinisch entschränktes Judentum anzuknüpfen. Vgl. einerseits Heinemann, Philons griech. u. jüd. Bildung, 1932; Wolfson, Philo, 1947; andererseits Goodenough, Introduction to Philo, 1940.

173) Vgl. Alt II, 436 ff.; die Stätten des Wirkens Jesu beschreibt eingehend Finegan, S. 221 ff.

174) Vgl. Bonsirven, S. J., Textes Rabbiniques des deux premiers siècles chrétiens pour servir à l'intelligence du Nouveau Testament, 1955.

messianische Anspruch wurde Jesus als Blasphemie ausgelegt. Die Todesstrafe durften die Juden jedoch nicht vollziehen; dies war Sache des römischen Prokurators Pontius Pilatus, der von dem religiösen Anliegen des ihm übergebenen Angeklagten überhaupt nichts verstand, wohl aber vermutete, daß es sich hier wiederum um eine hochpolitische Angelegenheit handelte, in der die Entscheidung der römischen Besatzungsmacht zukäme, zumal es um einen Menschen ging, der von sich behauptete, der Messias zu sein, ein Anspruch, den Pilatus nur mit politischen Inhalten verbunden sehen konnte. Daher ließ er an Jesus das Todesurteil vollstrecken.

Aber nicht nur Pilatus hat die Botschaft des Jesus von Nazareth nicht verstanden, sondern auch jene, die im Synhedrion nicht begriffen, daß zu ihnen ein Jude sprach, der weitgehend in den Wegen jüdischer Tradition wandelte (Matth. 5, 17 ff.), wenngleich er auch gelegentlich eine sonst unübliche Unabhängigkeit gegenüber jüdischem Brauchtum und jüdischer Lebensweise zeigte und damit wahrscheinlich noch über das hinausging, was fortschrittliche Pharisäer vom Typus eines Hillel zu billigen vermochten. Vermutlich haben jedoch die Sadduzäer (vgl. Apg. 5, 17; Ant. 20, 9, 1) seine Verurteilung empfohlen, denn altes pharisäisches Lehrgut ist bester Teil seiner ethischen Botschaft, und die Gewißheit des nahe bevorstehenden Endes der Zeit teilt Jesus mit dem apokalyptischen Zweige des Pharisäertums,[175]) nicht aber die Auffassung über die Person des in der Endzeit erscheinenden Erlösers.[176])

175) Vgl. Luk. 13, 31 wo berichtet wird, daß einige Pharisäer (!) Jesus vor Herodes Antipas warnten.

176) „Einen Mann sehen wir in diesen alten Überlieferungen vor uns, der in allen Linien und Zeichen seines Wesens das jüdische Gepräge aufzeigt, in ihnen so eigen und so klar das Reine und Gute des Judentums offenbart, einen Mann ... der nur aus dem Boden des Judentums hervorwachsen konnte und nur aus diesem Boden hervor seine Schüler und Anhänger, so wie sie waren, erwerben konnte, einen Mann, der hier allein, in diesem jüdischen Bereiche, in der jüdischen Zuversicht und Sehnsucht, durch sein Leben und in seinen Tod gehen konnte — ein Jude unter Juden." L. Baeck, Das Evangelium als Urkunde jüdischer Glaubensgeschichte, 1938, S. 69 f. Vgl. ferner, M. Di-

Es lassen sich in der Epoche des Auftretens Jesu und dann anschließend zur Zeit der Urgemeinde neben dem starren Sadduzäertum Geistesströmungen aufzeigen, in denen das Gedankengut des Hillel geradlinig weitergeführt wird. Die bedeutendste Persönlichkeit jener Zeit war Rabban Gamliel ben Simeon, ein Enkel Hillels, der von seinem Vater Simeon hatte lernen können, daß „nicht die Erörterung die Hauptsache ist, sondern die Handlung" und daß, „wer viel Worte macht, Sünde hervorbringt" (Abot I, 17). Den Aposteln rettete Rabban Gamliel zumindest einmal das Leben (Apg. 5, 17 ff.).

Nachdem Agrippa im Jahre 44 n. Chr. gestorben und Judäa endgültig Rom als Provinz zugefallen war, breitete sich unter den Juden immer mehr eine feindselige Stimmung gegen die römische Besatzungsmacht aus. Zahlreiche Übergriffe der Prokuratoren boten der Bevölkerung Anlaß zur Unzufriedenheit. Besonders verhaßt machte sich der Statthalter Felix (52—60), ein Mann von sehr anstößigem Lebenswandel (Ant. 20, 7, 2; Apg. 24, 24); er ließ den Hohenpriester Jonathas ermorden, weil ihm dessen Vorwürfe wegen der schlechten Verwaltung des Landes mißfielen (Ant. 20, 8, 5). Josephus weiß über die Jahrzehnte vom Tode des Agrippa bis zur Zerstörung des Tempels viel von Räuberbanden, Mord und Totschlag im Lande zu berichten, so daß man den Eindruck gewinnt, es müsse ein wahres Chaos geherrscht haben.[177]) Auch als ein Sohn des letzten Königs Agrippa, der ebenfalls den Namen Agrippa führte, von Claudius das Aufsichtsrecht über den Tempel, die Genehmigung, den Hohenpriester zu ernennen, sowie die Verwaltung der einstigen Tetrarchie des Philippos (im nördl. Ostjordanland) erhielt, änderte sich nichts an den völlig zerrütteten Verhältnissen im Lande.

In einem solchen Klima entwickelte sich die nationali-

---

belius, Jesus², 1949; R. Bultmann, Jesus, 1951; G. Bornkamm, Jesus von Nazareth, 1956; E. Stauffer, Jesus, Gestalt u. Geschichte, 1957; O. Cullmann, Die Christologie des Neuen Testaments, 1957.

177) „Warum wurde der Tempel zerstört? ... weil damals grundlose Feindschaft herrschte." (Joma 9b).

stische Bewegung der Zeloten (von einem Galiläer namens Juda begründet, Ant. 18, 1, 6), deren Ideologie in einem extremen Nationalismus bestand, der zu jener Zeit zumindest unrealistisch war: Nur durch die Vertreibung der Römer könne der Frieden und das religiöse Heil wiederhergestellt werden. Die Zeloten sind mit einer noch chauvinistischeren Gruppe, den Sikariern (so genannt nach ihren kleinen, krummen Dolchen: sicae) zwar nicht identisch, aber an Gewalttätigkeit gleich. Inmitten des Chaos, von ihm genährt und hervorgerufen, traten falsche Propheten auf, die das Land in noch größere Unruhe versetzten (Bell. Jud. II, 13, 5; vgl. Apg. 21, 38). Rabbi Hanina, ein zu jener Zeit lebender Lehrer sagte: „Bete für das Wohl der (römischen) Regierung, denn wenn nicht die Furcht vor dieser (vorhanden wäre), würde einer den andern lebendig verschlingen" (Abot III, 2). Dieser Spruch kennzeichnet deutlich die damalige Situation. Es bedurfte daher nur eines Funkens, um den drohenden Brand zum Ausbruch zu bringen.[178]) Als der römische Prokurator Gessius Florus (64—66) aus dem Tempelschatz in Jerusalem siebzehn Talente rauben und eine zu ihm entsandte jüdische Delegation gefangensetzen ließ und schließlich die Stadt Jerusalem den römischen Soldaten zu Mord und Plünderung freigab, entflammte der Aufstand gegen Rom (Bell. Jud. II, 14, 5 ff.). Zunächst gelang es den Juden, sowohl Florus als auch den ihm zur Hilfe entsandten Statthalter der Provinz Syria C. Cestius Gallus in die Flucht zu schlagen (Bell. Jud. II, 19, 1 ff.), bis Nero den Vespasian damit beauftragte, in der Provinz Judäa Ordnung zu schaffen (66—67). Vespasian schickte seinen Sohn Titus nach Alexandrien, um weitere römische Legionen zusammenzuziehen. Dann begann er mit dem Angriff gegen Galiläa, wo Josephus (der damals noch Josef ben Mattathja, der Priester, hieß) Oberbefehlshaber war. Nach 47tägiger Belagerung eroberte Vespasian die letzte gali-

178) Gewiß hat auch die katastrophale wirtschaftliche Situation zu der Lösung eines „Ende mit Schrecken" beigetragen (Ant. 20, 9, 7; Bell Jud. II, 17, 6). Vgl. Goldin, P. T., S. 142.

läische Festung Jotapata; Josephus ließ sich gefangennehmen und erfuhr durch Vespasian eine freundliche Behandlung. Es kann kein Zweifel darüber bestehen, daß weder Josephus noch weite Kreise innerhalb der Judenheit mit großer Begeisterung in diesen Kampf gegangen sind, der für die Juden von vornherein keinerlei Erfolgsaussichten bot. Die Juden standen jedoch unter dem Terror einer fanatischen Gruppe, die jeden mit dem Tode bedrohte, der sich nicht am Aufstand beteiligen wollte, und so blieb ihnen keine andere Wahl. Josephus fand einen Ausweg aus diesem Dilemma, indem er zwar zunächst sich gegen die Römer verteidigte, im letzten Augenblick aber kapitulierte und so sein Leben rettete. Die näheren Umstände seiner Kapitulation sind nicht sehr rühmlich, woran auch seine wortreiche Apologie nichts ändert (Bell. Jud. III, 8, 1 f.).

Man wird dem Bericht des Josephus über den jüdischen Aufstand kaum in allen Einzelheiten trauen können, da er, trotz seiner Stellung als Truppenkommandeur, zur „Friedenspartei" gehörte. Aber soviel wird aus seiner Darstellung der Ereignisse doch klar, daß eine erfolgreiche Abwehr der Römer, ganz abgesehen von deren militärischer Überlegenheit, schon deshalb gar nicht möglich war, weil die Verteidiger Jerusalems miteinander im Streite lagen (vgl. Bell. Jud. V, 1, 4, wo Josephus die verschiedenen Gruppen beschreibt). Die Zeloten erwiesen sich am Schlusse im Vergleich zu den Sikariern, zu Johannes von Gischala und Simon bar Gijora noch als relativ gemäßigt, da es sich bei den Zeloten um eine Partei mit einer, wenn auch höchst fragwürdigen, Ideologie handelte, und es unter ihnen gewiß auch viele aufrichtige Patrioten gegeben haben mag. Es zeigt sich hier jedoch, daß aus einer chauvinistischen Bewegung sich meist noch weit extremere Gruppen abspalten, die unter dem Deckmantel eines sogen. „Patriotismus" den niedrigsten Trieben freien Lauf lassen (vgl. etwa Bell. Jud. IV, 9, 10).

Vespasian begnügte sich zunächst damit, die aufständischen Gebiete um Jerusalem nach und nach zu besetzen, denn in Jerusalem tobte ein Bürgerkrieg zwischen den fanatischen Zeloten und der übrigen, gemäßigten Bevölkerung, die von den Bandenführern Johannes von Gischala und Simon bar Gijora terrorisiert wurde. Vespasian überließ inzwischen die Belagerung seinem Sohn Titus, da in Rom der Kaiserthron vakant geworden und Vespasian zum Kaiser ausgerufen worden war. Im Juli des Jahres 70 gelang es Titus, in die Stadt Jerusalem einzudringen, deren Machthaber jede Übergabeverhandlung abgewiesen hatten, und im August des gleichen Jahres ging nach schweren Kämpfen der Tempel in Flammen auf, nachdem auch die kampflose Übergabe des Tempels von den Juden abgelehnt worden war. Im Jahre 73 bezwangen die Römer dann Masada, die letzte nicht eroberte Festung im Lande.

Die Niederlage betraf nicht nur die Juden Palästinas; auch ihre alexandrinischen Brüder kamen durch den mißlungenen Aufstand in eine schwierige Lage, als nach Ägypten geflohene Sikarier die Juden gegen Rom aufhetzten. Die jüdische Bevölkerung Alexandriens wehrte sich zwar gegen die Fanatiker; gleichwohl berichtete der römische Statthalter nach Rom, daß innerhalb der Judenheit Zwistigkeiten ausgebrochen wären. Vespasian, der nun auch einen Aufstandsversuch in Alexandrien befürchtete, ließ den Oniastempel von Leontopolis schließen, der dort 243 Jahre bestanden (Bell. Jud. VII, 10 1 ff.), aber niemals große Bedeutung gehabt hatte, da die ägyptischen Juden immer mehr am Tempel in Jerusalem hingen, was sie durch Spenden von Geld und Weihgaben bekundeten.

„Judea capta" lautete die Inschrift auf den aus Anlaß des Sieges über die Juden geprägten Münzen. Diese Inschrift stimmte mit der vollen Wahrheit überein, wenn man damit meinte, daß die Juden nun ein Volk ohne Land seien und mit der Zerstörung des Tempels der wesentliche Mittelpunkt verschwunden sei, zu dessen Erhaltung Juden aus aller Welt Gaben beigesteuert hatten. Der Tempel bestand zwar nicht mehr, über Palästina herrschte Rom, aber dennoch ist dadurch die Geschichte der Juden nicht zu einem Ende gekommen, Israel nicht vernichtet worden. Das jüdische Volk konnte in den folgenden Jahrhunderten, von jeder politischen und nationalen Last befreit, an die Neuordnung seines geistigen Lebens gehen, zu dem Generationen frommer Denker und Lehrer früher das Fundament gelegt hatten, trotz — oder vielleicht gerade wegen — der tragischen politischen Verstrickungen. An die Stelle des Staates trat das Lehrhaus, die Synagoge ersetzte den Tempel. Die Geschichte der Juden wird nun für die nächsten zwei Jahrtausende vor allem eine Geschichte des Geistes, eine Beschäftigung mit den Lehren der jüdischen Tradition, mit der Israel lebte, durch die es überlebte, und die zugleich auch den Sinn jüdischer Existenz enthält: Der Bund des einen Gottes mit dem einen Volk. Der Staat ging unter, der Gott aber blieb, und die alte messianische Hoffnung umfaßte in einem nationalen und universalen Sinne zugleich die Wiederaufrichtung des alten Reiches, nun aber als eines Reiches Gottes auf Erden.

Literatur

a) Bücher:

Albright, W. F.: The Archaeology of Palestine (revised ed.), 1954 (A.P.).
— —: Archaeology and the Religion of Israel 3, 1953 (ARI).
(auch deutsch unter dem Titel: Die Religion Israels im Lichte der archäologischen Ausgrabungen, 1956).
— —: The Biblical Period (in: The Jews; ed. Finkelstein, 1949) (B. P.)
— —: Von der Steinzeit zum Christentum, 1949 (Steinz.)
— —: Recent Discoveries in Bible Lands, 1955, (published by The Biblical Colloquium)
Alt, A.: Kleine Schriften zur Geschichte des Volkes Israel, 2 Bände, 1953 (Alt I, II).
Auerbach, E.: Wüste und Gelobtes Land, I 2, 1938; II, 1936 (Auerbach I, II).
Baron, S. W.: A Social and Religious History of the Jews 2 2 Bände, 1952 (Baron I, II).
Bell, H. I.: Cults and Creeds in Graeco-Roman Egypt 2, 1954 (Bell).
Bickermann, E.: Der Gott der Makkabäer, 1937 (Bickermann, Gott).
— —: Die Makkabäer, 1935 (Bickermann, Makkabäer).
— —: The Historical Foundations of Postbiblical Judaism (in: The Jews, ed. Finkelstein, 1949) (Bickermann, Pb. J.)
Dubnow, S.: Weltgeschichte des jüdischen Volkes, Bd. I: Die älteste Geschichte des jüdischen Volkes; Bd. II: Die alte Geschichte des jüdischen Volkes, 1925 (Dubnow I, II)
Dupont-Sommer, A.: Les Araméens, 1949 (Dupont-Sommer).
Goldin, J.: The Period of the Talmud (in: The Jews, ed. Finkelstein 1949) (Goldin, P. T.).
Gordon, C. H.: Introduction to Old Testament Times, 1953 (Gordon). (deutsche Übersetzung unter dem Titel: Geschichtliche Grundlagen des Alten Testaments, 1956)
Finegan, J.: Light from the Ancient Past, 1947 (Finegan).
Moore, G. F.: Judaism in the first Centuries of the Christian Era, The Age of the Tannaim; 2 Bände, 1927 (Moore I, II)
Noth, M.: Geschichte Israels 2, 1954 (Noth).
— —: Die Welt des Alten Testaments 3, 1957 (Welt d. A. T.).
Orlinsky, H. M.: Ancient Israel, 1954 (Orlinsky).
Parrot, A.: Bibel u. Archäologie I, Ninive u. das A.T., 1955 (Parrot).
Schmökel, H.; Geschichte des alten Vorderasien, 1957 (Handb. der Orientalistik, 2. Bd. 3. Abschn.) (Schmökel)
Schubert, K.: Die Religion des nachbibl. Judentums, 1955 (K. Schubert).
de Vaux, R.: Art.: „Peuple d'Israel" in: Suppl. IV, Dict. de la Bible, ed. Vigouroux, Sp. 729—777; 1947—1948 (de Vaux).
Wright, E. G.—(Filson, F. V.): The Westminster Historical Atlas to the Bible 4, 1953 (Wright, Atlas).
— —: Biblical Archaeology, 1957.

Ferner seien folgende Werke erwähnt:

Abel, F.-M.: Histoire de la Palestine depuis la conquête d'Alexandre jusqu'à l'invasion Arabe I. II, 1952.

Galling, K.: Biblisches Reallexikon, 1937.

Kittel, R.: Geschichte des Volkes Israel (I 5.6.) 1923; (II 6.) 1925; (III) 1/2, 1927/29.

Scharff, A.—Moortgat, A.: Ägypten und Vorderasien im Altertum, 1950.

Schlatter, A.: Geschichte Israels von Alexander dem Großen bis Hadrian 3, 1925.

Schürer, E.: Geschichte des jüdischen Volkes im Zeitalter Jesu Christi, (I 3.4.) 1901; (II 4.) 1907; (III 4.) 1909.

Snaith, N. H.: The Jews from Cyrus to Herod, 1949.

Thiele, E. R.: The Mysterious Numbers of the Hebrew Kings: A Reconstruction of the Chronology of the Kingdoms of Israel and Judah, 1954.

b) Sammlungen und Übersetzungen von altorientalischen Texten:

Ancient Near Eastern Texts relating to the Old Testament; ed. Pritchard, 1950, 2 1954 (ANET).

Altorientalische Texte zum Alten Testament 2, hg. v. H. Gressmann 1926 (AOT).

Textbuch zur Geschichte Israels, hg. v. K. Galling, 1950 (TGI).

c) Zeitschriften und Kommentarwerke:

Das Alte Testament Deutsch, hg. v. V. Herntrich und A. Weiser (ATD).

The Biblical Archaeologist (New Haven) (B.A).

Bulletin of the American Schools of Oriental Research (New Haven) (BASOR).

Journal of Biblical Literature and Exegesis (New Haven) (JBL).

Journal of Near Eastern Studies (Chicago) (JNES).

Journal of Semitic Studies (Manchester) (JSS).

Monatsschrift f. Geschichte u. Wissenschaft des Judent. (Breslau) (MGWJ).

Palestine Exploration Quarterly (London) (PEQ).

Revue Biblique (Paris) (R.B.).

Revue d'Histoire et de Philosophie Religieuse (Paris) RHPhR).

Theologische Rundschau (Tübingen) (ThR.).

Vetus Testamentum (Leiden) (V.T.).

Zeitschrift f. alttestamentliche Wissenschaft (Berlin) (ZAW).

Zeitschrift des Deutschen Palästina-Vereins (Wiesbaden) (ZDPV).

Zeitschrift f. Religions- u. Geistesgeschichte (Köln) (ZRGG).

Zeitschrift f. Theologie und Kirche (Tübingen) (ZThK.).

Register der Namen und Sachen

Stellenregister

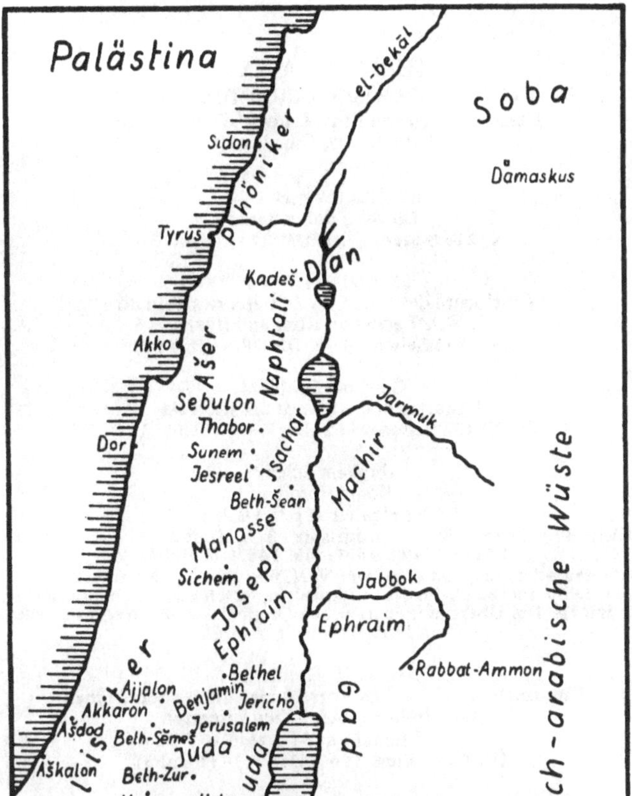

Palästina
Soba
el-bekāl
Dāmaskus
Sidon
Phöniker
Tyrus
Dan
Kadeš
Naphtali
Akko
Ašer
Sebulon
Thabor
Jarmuk
Dor
Sunem
Jesreel
Isachar
Machir
Beth-Šean
Manasse
Sichem
Joseph
Jabbok
Ephraim
Ephraim
Syrisch-arabische Wüste
Rabbat-Ammon
Bethel
Ajjalon
Akkaron
Benjamin
Jericho
Ašdod
Jerusalem
Beth-Šemeš
Juda
Gad
Aškalon
Beth-Zur
Maresa
Hebron
Gaza
Arnon
Kirjath-Sepher
Philister
Wüste Juda
Horma
Moab
Edom

FSC
www.fsc.org
MIX
Papier | Fördert
gute Waldnutzung
FSC® C083411

Kolibri 360 GmbH
Ferdinand-Jühlke-Straße 7
99095 Erfurt, Deutschland
produktsicherheit@kolibri360.de